잃어버린 한韓민족의 역사와 신앙

제석祭石 유진한劉震漢

도서
출판 맑은샘

　　물이 흐르면 그 근원이 어디이냐고 묻고 구태여 그 근원지
를 찾아가는 자. 우리는 어디서 왔느냐며 우리의 근원을 찾으려는 자
를 어리석은 자 우공이산(愚公移山)*이라 하겠는가? 그러나 우공이산
이 있었기에 오늘의 우리는 문화와 생활의 풍요를 누리는 것도 사실
아니겠는가? 또한, 우리의 역사나 선조들의 계보나 신앙관에도 과거에
도 현재에도 또한 미래에도 우공과 같은 사람이 있기에 잊혀진 우리
민족의 역사와 전통과 문화는 밝혀지지 아니하겠는가?

　반만년의 역사라고는 하나 반에 반만년으로 인정하고 우리의 조상
이라고 계보를 찾아보면 알(卵) 조상에서 끝을 내는가 하면 우리 조
상의 신앙은 토템신앙으로 결론을 맺으려고 하니 이것이 과연 진실인
지…

　본 저자는 우리 조상들이 남기고 간 고서와 고고학 발굴의 유물
과 우리의 반만년 역사와 문화의 증거인 한자와 지구 상의 27억 인류
가 인정하고 믿고 따른다는 성경을 통하여 우리의 역사(고조선)와 선

---

* 　우공이산(愚公移山)
　　우공이란 사람이 산을 옮긴다는 뜻으로 어떤 계획이 남이 보기엔 어리석은 일처럼
　　보이지만 한 가지 일을 끝까지 밀고 나가면 언젠가는 목적(目的)을 달성(達成)할 수
　　있다는 뜻

조와 그분들의 신앙을 재조명함과 동시에 우리의 뿌리를 찾아 그 뿌리를 튼튼하게 하므로 그 잎은 무성하게 될 것이고 따라서 그 열매는 풍성하게 되므로 세계의 일류 국가로 가는 디딤돌이 될 것이며 그것은 곧 오늘을 사는 우리의 번영과 행복의 길잡이가 될 것이다.

　그러나 아쉽게도 사라진 고서들. 또한, 분단된 38선 이북을 비롯하여 옛 고구려의 땅인 만주와 몽골. 이 지역의 고고학 발굴의 미비점들 또한 있으나 필사자들의 사상으로 점철(點綴)되어버린 가필(加筆)되고 변형된 필사본. 아직도 남아있는 식민사관(植民史觀)의 사상들, 이러한 환경은 조상들의 본뜻을 헤아리기란 쉽지 아니함을 절감한다. 저자 역시 미숙하여 확실한 자료와 논문에 의한 객관성을 유지하기 위해 무던히 노력하였지만, 고증(考證)이나 실증에 많이 부족함을 인정하며 나름대로 근거에 의한 주관성이 많이 가미되었음을 아울러 밝히는 바이다. 아무쪼록 잃어버린 우리의 역사와 선조들의 문화와 신앙의 전모가 수년 내 드러날 것을 믿고 원시반본(元始返本)을 기원하는 바이다.

제석祭石　유진한劉震漢

3장. 고조선 역사와 성경과 한자

【제
1
장】

인류 분포와 한자 문화

1) 잊혀진 역사와 신앙

① 종교

지금 우리 주변의 신앙에서 보면 대체로 불교와 유교를 들 수 있을 것이다. 불교는 A.D 370년경 고구려 17대 소수리왕 때에 진입을 계기로 이어 A.D 384년경 백제 침류왕. 다음으로는 A.D 520년경 신라에까지 침투하므로 불교는 우리나라 전역에 진입하면서 포교의 근본은 인생관이 염세(厭世 : 현세는 가난한 세상이니 인생을 괴롭게 여기고 싫증을 내는 것)관이라. 그 염세관으로 말미암아 피폐(疲弊)했든 우리 민중에게 많은 공감을 안겨줄 수 있었고 또 한편으로는 내세 종교로서는 어려운 현세에서 극락왕생(極樂往生)의 희망과 행복을 바라볼 수 있었기에 우리 민족의 심성에 동화되어 불교를 선호하였으며 또 다른 인기는 무불습합(巫佛褶合 : 무속 신앙과 불교의 융합) 포교로 말미암아 그 지역의 전래한 무속신앙의 문화와 풍습에 쉽게 흡수 동화되므로 우리 민족은 불교에 대한 선호도가 고조되었으며 나라로서는 호국불교(護國佛敎 : 불교 신앙으로 국가를 보전하고 보호한다)라는 호언(豪言)으로서의 가치성이 높아 수용성이 더욱 고조되면서 옛 선조들의 풍습과 전통과 신앙은 역사의 뒤안길로 사라져 갔다.

또한, 뒤이어 따라 들어온 유교는 불교의 염세관과 극락왕생이라는 현실을 외면하는 종교성보다는 현세적이고 현실적인 가치로서 유교의 근본이라고 볼 수 있는 인(仁). 의(義). 예(禮). 지(智). 신(信)을 바

탕으로 하는 숭조보근(崇祖保根 : 조상을 숭배하고 뿌리를 보전하자)
의 제도로 말미암아 나라의 기초인 가정을 중시하며 가정 중심의 최
고의 핵심을 효의 바탕 위에 치국이념(治國理念)으로 현실적 가치의
사회와 국가의 기강을 바로 세우는 데 크게 이바지하였으나 유교와
도교를 기초한 성리학은 가정 중심의 현실적 사고방식인 부모에게 효
도하고 죽은 조상에게 제사하는 사례제도의 미풍(美風)을 고취 시키
므로 국민의 반응은 고조(高調)에 이르게 되었고 또한 조선왕조의 개
국정책의 하나인 배불숭유(排佛崇儒 : 불교를 배척하고 유교를 숭상
하자) 정책의 일환(一環)으로 포교는 더욱 확산하여 우리 국민에게 효
를 비롯하여 도덕과 예절과 사회 질서에 대단히 공헌하였다. 고 하는
데는 그 누구도 이의를 제기하지 못할 것이다. 그러나 유교의 폐단은
허위 허식의 사상으로 가난하면서도 생활의 수단보다는 학문을 중시
하고 부위부강(夫爲婦綱)이나 부창부수(夫唱婦隨)와 같은 규범과 사
상에 뜻은 화려했지만, 결과는 남존여비 사상으로 전락하여 인권에
치명적이었음은 부인하지 못할 것이다.

또한 숭조보근(崇祖保根)의 주창에 시원(始原) 시조(始祖)의 역사
에는 보탬이 되지 못함도 사실이다.

또한, 이런 와중에 뒤늦게 진입한 기독교는 천년의 세월을 다져온
불교의 문화와 풍속과 전통과 역사. 오백 년의 세월을 다져온 유교의
문화와 풍속과 전통과 역사. 이 두꺼운 두 벽을 뚫고 진입하기란 쉽지
않았을 것이며 물론 개화의 물결이 일어야 할 시대적 요구는 있어야
할 그 무렵이라 할지라도 쇄국정책을 고수하는 사대부의 부류가 여전

히 존재 한 마당에 목숨을 담보한 선교사들이 있었기에 두꺼운 두 벽과 쇄국(鎖國)정책의 빗장을 뽑고 영혼 구원의 목적으로 한 기독교 사랑의 기별이 평민들의 마음을 녹였든 것이라 본다.

그러나 불교의 염세극락왕생의 호국 불교나 유교의 인(仁)·의(義)·예(禮)·지(智)·신(信)이나 숭조보근과 치국이념의 유교 속에서 우리의 역사와 옛 조상들이 섬겼든 참된 진리의 신앙은 잊히고 상실되고 숨겨졌으며 기독교 역시 우리 선조의 신앙과 역사와 전통과 조상들의 사상은 왜면 한 채 성서 위주로만 논하면서 인류는 한 혈통(행17 : 26)이라고 부르짖으면서도 우리의 조상과의 연결 고리는 찾으려는 노력은 1세기가 지난 지금도 그 기미가 보이지 않음이 심히 안타까우나 그나마 이스라엘의 야훼를 한글 성경에 하나님으로 번역한 것은 우리 민족의 뿌리깊이 박혀있는 천신사상의 정서에 상당한 접착제 역할을 하였지만 그래도 많은 아쉬움은 남는다.

② 조선시대의 3차례 수서령(收書令)

수서령이란 조선시대 세조(1457년 5월)와 예종(1469년 9월)과 성종(1469년 12월) 때 3차례를 이어 8도 관찰사에게 명령을 내려 예로부터 전해져오는 희귀 서적을 전국에서 거두어들이는 일이다.

수서령의 내용은 세조실록에 의하면 세조 3년 정축 5월. 팔도 관찰사에게 명하여 "고조 선비사. 대변설. 조대기. 표훈천사. 삼성기. 삼성밀기. 도증기. 동천록. 지화록. 등 희귀서적과 고서를 사저에 보관하는 것은 옳지 않으니 소장하고 있는 백성들은 자진 진상하여 관청과. 민간 및 사사에 널리 효유(曉諭)하라." 는 수서령(收書令)으로 수많은 서적들을 거두어들였다. 이 서적들은 우리의 수많은 역사와 문화와 전통과 풍습이 담겨 있었을 것이며 임진왜란 정유재란 병자호란과 같은 전란으로 인한 화재와 수많은 재난과 여러 경로로 말미암아 많은 서적들이 손실 및 유실되었을 것으로 추정되며 이로 말미암아 지금 우리의 고대역사와 문화는 하나의 신화나 설화로 남을 수밖에 없는 것은 당연하지 아니하겠는가?

③ 식민통치의 역사

일본의 조선역사 말살 정책은 우리의 혼까지 빼앗아 갔음을 익히 알 것이다.

우리의 혼을 앗아간 정책 몇 가지만 나열한다.

일본은 한국 민족을 말살하려는 정책을 추진하였다. 이를 위한 정책으로 일본민족과 한국(조선)민족이 하나의 조상이라는 주장을 전개하여 일본민족에 한국민족을 육체뿐 아니라 정신 역사 신앙까지도 흡수하려는 정책을 폈다

그 첫째가 일선동조론이다. 일선동조론(日鮮同祖論)이란 '일본과 조선은 동일한 조상이다. 즉, 일본민족과 조선 민족의 조상은 하나'라는 이론이다. 일본이 조선을 강제 병탄(倂呑)하고, 태평양전쟁을 일으킨 후부터는 한민족을 아예 말살하려는 정책을 추진하였다. 그리하여 이름과 성을 일본식으로 고치는 이른바 창씨개명(創氏改名)을 강제 추진하고, 황민화정책(皇民化政策)으로 신사(神社)를 참배시키고 조선인도 일본 천황의 백성임을 선언하도록 강압하였다. 문자와 언어도 일본 문자, 일본말을 사용하도록 강요하였다. 그리고 사상적으로는

두 민족이 하나의 조상· 하나의 뿌리를 가졌으므로(동조동근설 同祖同根說) 한국인도 일본인의 한 부류임을 이론화하여 세뇌(洗腦)시켰다. 동조동근설(同祖同根說), 내선일체론(內鮮一體論)이라고도 한다.

이와 같은 정책을 합리화하기 위해 관청이나 사저에 있든 고서를 강압 몰수하여 불태워 우리의 역사와 문화와 전통은 지워지고 잊히게 되었다.

④ 일제 강점기 수서령

일제는 1910년 8월 29일, 대한 제국을 강제적이고 일방적으로 맺은 '합방조약'을 내세워 조선 땅을 강탈했다. 이들은 1906년에 설치했던 이른바 '조선 통감부'를 '조선총독부'로 이름을 바꾸고, 총독부 초대 총독으로 데라우치 마사티케를 보내왔다.

그러자 데라우치 마사티케는 1910년 10월 1일부터 관보를 발행하기 시작했다. 데라우치 마사티케는 1910년 11월부터 전국의 각 도·군 경찰서를 동원하여, 1911년 12월 말까지 1년 2개월 동안 계속된 제1차 전국 서적 색출에서 고조선 관계 고사서와 역사와 천문법 등 51종 20여만 권을 거두어 불태웠다고 한다.

일본이 저지른 만행은 이뿐만이 아니다. 1910년 11월부터 1년 2개월 동안 수거된 서적 51종 20만 권, 그 뒤 15년간 차입(借入)한 사료 4천 9백 50여 종을 분서(焚書)했으며, 대마도 번주(藩主) 종백작가에 있던 고문 서류 6만 6천 469매와 옛 기록문 3천 576책, 옛 지도 34매 등을 은폐하거나 분서시켰다고 하니 우리의 역사가 남아 있겠는가? 그나마 남겨둔 삼국사기와 삼국유사는 남겨졌으나 그들은 이것을 인용 조작하여 우리의 역사를 신화로 둔갑시키는 데 활용하였던 것이다.

　조선시대와 일본 제국주의로 말미암아 우리의 역사와 문화와 전통과 풍습의 기록은 소실되고 유실되고 조작된 이때 지금에 와서 우리는 고조선과 단군역사의 기록이 '설화이다, 위서이다, 신화다.' 라는 말이 나오는 것은 이상한 일이라고 볼 수 없을 것이 아니겠는가?. 하지만 우리 역사는 안개에 가려 신화로 변했지만, 엄연히 우리 조상은 있으셨고, 그 조상님들께서 한자를 창제하셨고 또 그 한자에 하나님을 계시(啓示)하고 복음의 기별이 있다면, 천손의 후손으로서 우리의 신앙을 위해서라도 찾아보아야 하지 않을까 생각한다.

(서희건, 〈잃어버린 역사를 찾아서〉 1권, 20)
(김삼웅, 〈일제는 조선을 얼마나 망쳤을까〉, 232~233)
(김경전, 〈환단고기〉, 527~530)

　바라 건데 지금이라도 우리는 한결 마음을 다져 그 먼 옛날 우리의 조상들이 가졌든 한자 속에 새겨진 역사와 문화와 풍습에 하나님을 섬긴 천신신앙(神仰)을 다시 한 번 더듬어 찾아보았으면 한다.

　성경은 하나님께서 자기 형상대로 남자와 여자를 창조하시고 그들로 하여금 생육하고 번성하여 땅에 충만하라 땅을 정복하라고(창1 : 27.28) 하셨다. 그로 말미암아 4천 년이 지난 주후 1세기 때 성서 사도행전 17장 26절에는 인류의 모든 족속을 한 혈통으로 만드시고 땅에 거하게 하셨으며, 그 이유는 27절에 기록하기를 온 땅에 거하다 보면 혹 하나님을 잊어버릴 수도 있을 것이고, 만약 잊어버린다면 이 혈통을 통하여 다시 더듬어 찾으면, 그는 우리 곁을 멀리 떠나 계시지 않으시기 때문에 잃어버린 우리 조상과 조상이 섬기든 신 천신(天神) 곧 하나님을 발견하게 되리라는 메시지를 준 것이니 이제부터 '우리의 족보, 우리의 조상, 우리의 혈통을 통하여 우리의 하나님을 찾는다면 지금 기독교가 믿는 참 진리의 하나님. 창조주 하나님. 우리 선조가 섬기든 천신(하나님)을 발견하게 될 것이고 발견하게 된다면 저자가 기독교를 처음 받아들였을 때 수많은 비난 중에 우리나라에 종교(불교나 유교)가 없어서 서양 종교를 믿으려고 하느냐 하는 비난에 한마디 대답도 못 했는가 하면 지금에 와서는 신학대학 교수란 분은 "대한민국의 기독교는 유대인들의 신인 야훼신을 수입하여 모셔다가 한복을 입혀서 그 이름을 하나님이라 붙여 섬긴다." 라고 하니 이에 대한 한국 기독교는 어떻게 응답하겠는가?

저자는 한 소설가의 글이 생각난다.

세월의 흐름이 "햇볕에 바래지면 역사가 되고 달빛에 물들면 신화가 된다". 정말 맞는 말이다. 우리의 역사는 수많은 수난(受難)으로 희미한 달빛에 찌들고 아련해져 잊히니 신화와 설화, 소설로 전락하고 말았다.

2) 혈통과 계보와 민족 이동설

우리 민족의 혈통과 계보를 살펴보면 모두가 알 시조(始祖) 아니면 곰 조상으로 점철되어 있다. 그 예가 경주김씨의 조상을 알에서 나왔다 하여 김 알지를 조상으로 여기고 밀양박씨는 알에서 나왔다는 박혁거세 인가하며 김해김씨의 김수로왕을 비롯하여 수많은 알 조상 삼국유사의 곰 어머니 그 어느 하나 혈통이나 계보나 역사를 통해서는 우리의 조상인 시원(始原)이나 시조(始祖)를 찾기란 쉽지 아니하며 단정하기에는 이르지만, 불가능이 아닐까 염려된다. 그러나 한 가지 희망은 아직 설화인지 위서인지 신화인지는 정확히 알 수는 없지만, 단군 사상을 기록한 〈일연의 삼국유사〉를 비롯하여 〈제왕운기〉와 〈세종실록지리지〉, 〈응제시주〉, 〈단군세기〉 등 많은 문헌에 우리 조상들의 역사와 계보가 기록되어 있음과 우리의 조상이 남긴 문화유산인 한자(漢字)와 기독교의 성경에 희망을 걸고 조명해 보려고 한다. 특별히 우리 선조께서 창제하여 4,500여 년의 장구한 역사를 품고 수많은 역경에서 견뎌온 한자 속에는 우리의 희망이 있으리라 믿는다.

① 인류 분포설

성경은 아담 이후 1656년의 홍수사건으로 모든 생명체는 죽고 하나님께서 명하시어 만들어진 방주에 탄 사람과 짐승과 조류만이 살았으며, 그 방주는 홍수 후 아라랏 산에 머물렀다(창8 : 4). 노아와 그의 식구들, 노아와 세 명의 아들과 노아부인과 세 자부를 합하여 여덟 식구로부터 인류는 다시 시작되었다고 볼 수 있을 것이다.

하나님께서 노아의 가족을 축복하여 말씀하시기를 "너희는 생육하고 번성하여 땅에 편만 하고 그중에서 번성하라.(창9 : 7)"

그러나 그들과 그들의 후예들은 하나님의 명령을 듣지 아니하고 함께 모여 성과 대(臺)를 쌓고 그 대 꼭대기를 하늘에 닿게 하여 우리 이름을 내고 온 지면에 흩어짐을 면하자.

(창11 : 4) 하면서, 하나님께서 명한 명령에 정면으로 도전하는 것이었다. 하나님의 계획한 바를 정면 도전하는 그들에게 하나님은 개입하시어 그들의 언어를 혼잡(混雜)게 하여 여호와께서 그들을 온 지면에 흩으셨다. (창11 : 9)라고 기록한다.

그런데 성경(聖經)의 또 다른 곳에는 셈의 5대 후손인 에벨의 두 아들 벨렉과 욕단 에게는 '흩으셨다.'라고 하지 아니하고 '나뉘었다.'라고(창10 : 25.32) 기록하고 있다.

그러하다면 창세기 11장 9절의 '흩으셨다'는 말과 10장 25절과 32절의 '나뉘었다'는 말은 같은 뜻일까? 아니면, 다른 뜻이 있을까? 분명 같지 않을 것이다.

사전적 의미를 본다면, '흩으시다'라는 뜻은 '한곳에 모였던 것을 상대의 의도와는 관계없이 각각 헤어지게 하거나 퍼지게 하는 것'이고, '나뉘다'라는 뜻은 '나누이다'의 준말로서, '각자의 공통된 의도에서 독립(獨立)되게 여러 부분으로 가르는 것'을 뜻한다. 즉, '의도된 나눔' 또는 합의된 나눔이라고 할 것이다.

상기와 같은 사전적 의미를 본다면, 창 10장 25절과 32절의 기록은 분명 큰 차이의 의미가 있을 것이라고 보는 것이 맞을 것이다. 과연 어떤 의미일까?

분명 창세기 10장 25절은 '벨렉과 욕단의 두 형제가 각자의 우거 (寓居)할 장소를 의논하여 그 뜻에 따라 정하였거나 혹은 누군가의 지시에 따라 그 정하여진 장소로 이동하는 것이 아닐까?' 라고 생각할 수 있다. 즉, "아브라함과 롯의 경우와 같이 네가 좌하면 나는 우하고 네가 우하면 나는 좌하리라. (창13 : 9)" 이것이 '나뉘다'이다.

그림1= 노아 자손들의 분포도

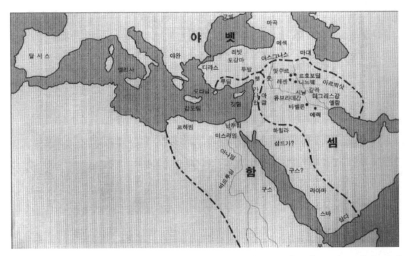

노아의 세 아들은 서로 다른 지역으로 이주했다. 셈족은 티그리스-유브라데 골짜기와 아라비아의 대부분 지역을 차지했고, 야벳족은 북쪽으로 흑해 주변과 심지어는 서쪽으로 스페인 지역까지 이동했다. 함족은 남쪽으로 나아가 소아시아 하부, 수리아와 팔레스타인의 해안 지역, 그리고 아라비아의 홍해 연안으로 들어갔으나 대부분은 아프리카로 들어갔다.

그림2= 노아 후손 족보

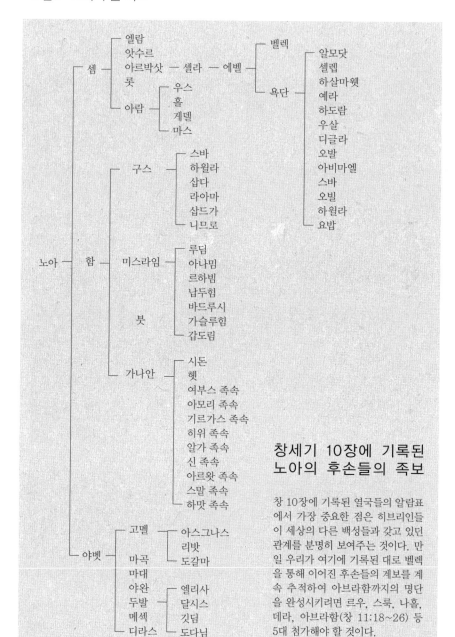

창세기 10장에 기록된 노아의 후손들의 족보

창 10장에 기록된 열국들의 알람표에서 가장 중요한 점은 히브리인들이 세상의 다른 백성들과 갖고 있던 관계를 분명히 보여주는 것이다. 만일 우리가 여기에 기록된 대로 벨렉을 통해 이어진 후손들의 계보를 계속 추적하여 아브라함까지의 명단을 완성시키려면 르우, 스룩, 나홀, 데라, 아브라함(창 11:18~26) 등 5대 첨가해야 할 것이다.

노아 후손들의 분포도는 함족은 남쪽으로 나아가 소아시아 하부, 수리아와 팔레스타인의 해안(海岸)지역 그리고 아라비아의 홍해 연안으로 들어갔거나(함족의 이름이 지역명에 있음) 대부분은 아프리카로 들어갔으며 그들은 나일강을 중심으로 하여 나일강의 문화 즉 이집트 문화를 이루었다.

그리고 야벳족속은 북쪽으로 흑해 주변과 심지어는 서쪽으로 스페인 지역과 아시아 지역까지 이동했으며 셈족은 티그리스와 유브라데 골짜기와 아라비아의 일부 지역을 차지했고, 셈의 자녀 중 아르박삿은 티그리스 강의 동쪽으로 이주한 것으로 보이며, 그의 후손 중 "에벌의 작은아들 욕단과 그의 가솔들은 메사에서부터 스발(각주 참조)로 가는 길의 동편(東便)산이었더라. (창10 : 30)."고만 기록되었고, 또한 그들이 거주한 지명이 기록된 바가 없는 것으로 보아 그들은 티그리스 강 주변이나 유프라테스 강의 주변에 우거하지 않은 것으로 보이며. 따라서 그들은 성경의 기록한 대로 동편 산을 넘어 우거(寓居)할 곳을 찾아 동으로, 동으로 이동할 수밖에 없지 않았나 생각해 본다.

또 욕단의 자녀 13명 중 일부는 아라비아지역(욕단의 자녀들의 이름이 지명에 있음)으로 이주(移住)하였을 것으로 일부 학자들은 주장하나 정확한 상황은 알 수 없으며 시날 평지와 아라비아는 방향으로 미루어 볼 때, 동쪽이기보다는 남쪽으로 보는 것이 맞을진대 '아라비아로 전부 이주했다'고 하는 것은 분명 문제가 있다고 보인다.

한편 〈크리스찬 투데이〉 2015년 11월 23일 자 기고문에는 "최근에야 이스라엘에서는 메사를 중국으로 스발은 시베리아로 동쪽은 한국이라는 해석이 나왔다."라고 기록했다.

각주 : 스발을 두음법칙을 인용하여 시베리아라고 주장하는 학자도 있음

욕단은 성경 조상(祖上) 중 가장 많은(성경 기록상) 13명의 자녀를 낳았으며, 그들의 이름을 다 성경에 기록한 것은 그만한 의미가 있는 것이라 보이며 특별한 사항이나 이유가 있으리라고 본다.(아시아 인구수) 그리고 형인 벨렉은 티그리스 강과 유프라테스 강 주변에 있었을 것이고 (참조 : 아브라함의 이동 경로 그림3), 동생 욕단은 13명의 자녀를 이끌고 그들이 나누어진 장소인 동편 산으로 이동했다고 성경은 기록하고 있다(창10 : 30). 하지만 그 외의 기록이 없음은 벨렉의 후손을 통하여 선민으로서 오실 구세주의 계보(系譜)를 이어 갈 상황이기에, 그들의 주변에서 멀리 떠나 있는 그들을 제외되었으리라 본다. 그러나 그들에 대한 그 외의 기록마저 없음이 안타깝지만, 여러 정황을 살피면서 그들의 이동 경로를 살펴보려고 한다.

그림3= 아브라함의 이동 경로

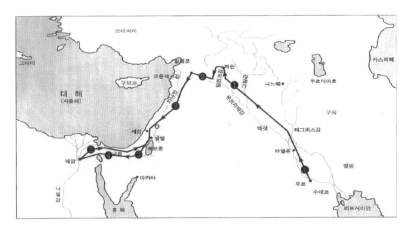

아브람은 자기 고향 우르를 떠나라는 하나님의 부름을 받고 우르에서 숭배되던 신과 동일한 월신에게 바쳐진 하란까지 이동했다(1) 그 후 데라가 죽었을 때 그는 하나님의 부름에 응하여(2) 가나안으로 이동했고(창 12:1~4), 처음으로 세겜과 벧엘에서 멈추었다가 네겝(Negeb)지방, 즉 남방지역으로 이동했다(3). 그 후 기근 때문에 애굽에서 바로를 방문했다(4). 그리고 나서 그는 롯과 함께 헤브론 근처로 돌아왔다(5). 우르에서 애굽까지, 그리고 다시 헤브론으로 돌아오기까지 그가 여행한 거리는 약 2400킬로 미터였다.

한 기독교 서적을 인용한다. "단군 할아버지와 단군 조선의 건국은 신화가 아니라 바로 셈의 손자나 증손 중의 한 사람으로서, 바벨탑을 쌓을 당시에 한국말을 처음으로 사용하게 된 우리의 조상임에 틀림이 없다. 그 이유는 한국말은 한국 사람만이 사용하는 고유 언어이므로 이때에 생겨났을 것이기 때문이다." (읽는 자는 깨달을 진저, 165쪽.)

(참조 : 창10 : 31= "이들은 셈의 자손이라 그 족속과 방언과 지방과 나라대로였더라.")

그러나 일부 학자나 단군 사상가들은 인류 분포 이동 경로는 동쪽에서 시작되어 서쪽으로 이동했으며 그 출발지는 '홍산 문화권'이라고 주장한다. 그 이유를 홍산 문화*는 인류 4대문명이라고 하는 이집트의 라일 강 문화나 티그리스 강과 유프라테스 강의 메소포타미아 문화, 인더스 강의 인더스 문화, 황하강의 황하 문화보다 무려 1~2천 년이나 앞선 문화라고 주장하고 있다. 그러나 우리의 조상이 서쪽으로 이동한 것은 사실이나 그 연대는 B.C 2세기에서 A.D 1세기경에 동이족에 속한 흉노족이 서쪽으로 이동하여 중앙아시아를 거쳐 터키 및 유럽까지 이동하였다는 것은 다 아는 사실이다.

또 다른 학자들은 '우리의 고대 조상은 동쪽에서 서쪽으로 이동한 것이 아니라 서쪽에서 동으로 이주했다.' 라고 주장하며, 그 주장의 근거는 성경의 주장이 아닌 출토된 석(石) 기구에 사용된 돌들의 위치 추적에서 보며, 그때 사용되는 돌은 흑요석(黑曜石)(화산암으로 생긴 검은색 돌)이다.(참조 : 그림4= 흑요석)

이 흑요석 주산지는 미국. 캐나다. 칠레와 아메리카지역에도 있지만, 서부지역인 그리스를 비롯하여 터키의 아라랏산 주변에서 나오기 때문(조준상《한민족 뿌리사》)이라고 한다. 그러나 성경적 사상(思想)으로 본다면, 홍수 전. 후 인류의 분포는 창4장 16절의 가인이 에덴 동편 놋 땅에 거하더라나 바벨탑 이후 욕단의 자손들에게 주어진 스발로 가는 동편 산이든지(창10 : 30), 아니면 창세기 16장 12절에 기록된 "그가 모든 형제의 동방에서 살리라." 또는 창세기 25장 6절 "자기

---

* 홍산 문화
중국 내이멍구 자치구의 츠펑시(赤峰市) 홍산(紅山)을 중심으로 발굴된 유물 방사선 탄소 연대 측정법(radiocarbon dating)에 의한 연대 B.C.5000년 추정

서자들에게도 재물을 주어 자기 생전에 그들로 자기 아들이삭을 떠나 동방 곧 동국(東國)으로 가게 하였더라."에서 알 수 있듯이 이 네 부류는 서에서 동으로 이주하였다. 고 보는 것이 성경적이라고 볼 수 있을 것이며 또한 우리 조상께서 창제하시고 지금도 우리가 사용하고 있는 한자 속에는 우리의 조상들은 서쪽에서 동쪽으로 이동해 왔다. 고 증언한다. 바로 그 글자가 한자"遷 옮길 천" 자이다.

그림4= 흑요석

② 한자로 본 이동 방향

遷(옮길 천)

파자=【西 + 大 + 巳 + 辶】

西(㢧 : 고문)서녘 서. 서쪽을 지칭하는 글이며 방향을 뜻 하지만, 서쪽에 위치해 있는 어떤 장소를 가리키는 뜻이기도하다. (참조 : 고문자해설) 자전에는 왈입방위(日入方位)라 하여서 해가 지는 곳 또는 해가

지는 방향이나 어떤 장소라고 말할 수 있을 것인데 혹이 에덴동산이나 바벨탑을 쌓던 도시를 말하지 않겠느냐고 조심스럽게 유추하면서 서(西. 𣆪)자의 실용자(西)와 고문자(𣆪)를 파자해본다.

(1) (西)실용문자 파자하면【一 + 囗 + 儿】

(一= 하늘)하늘 (囗= 나라 국)에덴동산 (儿= 어진 사람 인)아담.
하늘 아래 아담이 살았던 에덴동산은 서쪽이다.

또한 (囗)은 어떤 장소에 (儿) 사람들이 (一) 하늘에까지 오르다. 다시 말하면 西는 시날 평지에서 사람들이 하늘에까지 오르려고 시도하였던 곳이라고 말할 수도 있을 것이다. 한자를 창제한 동이족이 바라본 서쪽은 그들의 본향 에덴동산과 시날 평지가 있던 곳을 서쪽이라 하였다.

(2) (𣆪)서 자의 고문파자=【弓 + 囗 + 从】

弓= **자전**= 量地数(량지수)= 땅 재는 자 궁
설문해자= a. 窮也(궁야) : 다 하다의 뜻.

　　　　　　b. 近窮遠者(근궁원자) : 가까운 곳에서부터 먼 곳까지
　　　　　　　　다 라는뜻.(者= 사람 또는 곳(장소))

囗= 에울 위. 나라나 경계를 두르다. 장소(에덴동산)

从= 자전= "상청 수야(相聽, 隨也)"라고 했으니, 이것을 설명하면
　　　　　 "서로(相) 말씀을 듣고(聽) 따르다 (隨)." 라고 할 수 있다.

설문해자= 相聽也(상청야) 從二人(종이인)

相聽也(상청야)란 서로(相)가 의견을 경청(聽)하고(창3 : 8~13)

從二人(종이인)은 두(二) 사람(人)이 의견에 따르다.(從)

(창3 : 23~24)이다.

정말 성경적이라 할 수 있다.

大= 큰 대. 크다. 많다. 높다. 고 말하지만, 허신의 설문해 자에는 상인형(象人形)이라 하여 사람의 모양이라고 한다. 그러하다면 "옮길 천" 자에서의 대(大)자는 사람 또는 많은 사람을 지칭한다고 보아야 할 것이다.

巳= 여섯째 지지 사. 라고 하며 방위로는 "동남" 쪽이고 12지로는 여섯째니 "뱀 사"자 라고도 한다. 자전에서는 방각동남(方角東南)이라 하여 동남쪽을 말한다.

辶= 쉬엄쉬엄 갈 착. 뛸 착. 가다 간다. 이다.

위의 파자 네 글자를 연결하여 정리해보면 (西)서쪽에 있는 어떤 곳 (해 지는 곳 또는 에덴동산이나 바벨도시)에서 (大)많은 사람들이 (巳)동남 쪽을 향하여 (辶)쉬엄쉬엄 가다. 라고 해석할 수 있을 것이다.

③ 회귀. 귀소본능과 망향

어류나 새나 짐승에게도 회귀 귀소 본능이 있다고 하는데 만물의 영장이라고 하는 사람에게야 더 없으랴.

그 한 예로, 강화도 마니산 첨성단에서도 서에서 동으로 이동했다는 증거를 찾아볼 수 있을 것이다.

사람도 귀소본능으로 나타나는 심리적으로나 예의적으로나 혹은 정서적으로 볼 때에 자기의 고향 쪽 방향이나 왔던 곳의 향수를 그리워하면서 그쪽 하늘을 바라본다. 특히 제(祭)를 드릴 때에는 항상 그쪽을 보면서 제를 드리는 것이 인지상정(人之常情) 아닌가.

예) 북한 실향민의 "망향경모제"(望鄕敬慕祭)의 망배단과 임진각 곳곳에서는 각자 준비해온 음식을 차려놓고 그들이 왔던 북쪽을 향해 차례를 지내는 실향민들의 모습을 쉽게 찾아볼 수 있습니다. (2014. 채널A 뉴스)

그 첫째 이유는 아담과 하와가 하나님을 떠나 에덴동산에서 쫓겨나올 때 에덴동산 동편으로 나왔으니(창3 : 24) 아담과 하와는 항상 화염검이 지키고 있는 그곳 서쪽 편에 있는 아름답고 행복했든 에덴동산을 그리워했을 것이고 그들이 예배(제사) 드릴 때에도 에덴동산 동편 그들이 나왔든 그곳을 바라보면서 제사를 드렸을 것이고 가인과 아벨 역시 그들의 부모님이 행하였든 모습으로 제사를 드렸을 것이며 이후 그들의 후손들도 이어 받았을 것이다.

〈부조와 선지자 83페이지〉의 기록에는 "그룹 천사가 지키던 낙원의 문(에덴 동쪽 문)에 하나님의 영광이 나타나고 이곳(에덴 동쪽 문)으로 처음 예배자들이 나아왔다. 이곳(에덴 동쪽 문 앞)에 그들의 제단이 세워지고 그들의 제물이 바쳐졌다. 가인과 아벨이 제물을 가져오고 하나님께서 그들과 교통하시려고 내려오신 곳도 이곳(에덴 동쪽 문 앞)이었다."

이후 그의 후손들이 동으로 이주하여 한반도에 이르러 하나님의 제단을 만든다면 어느 방향으로 보게 하겠는가?

그 한 예가 첫째 마니산인데 이 마니산은 우리나라의 가장 서쪽이라고 말하기는 어렵지만 여러 가지를 고려할 때 서쪽이라고 할 수 있을 것이고 또한 서쪽의 가장 높은 산 정상에 첨성단의 제단을 만들고 또한 그 제단은 동에서 서쪽을 바라보면서 제사하게 만들어져 있으니, 처음으로 제단을 만들 때 이러한 이유가 없다고 말하기는 어려울 것이다. 또 한 예는 A.D 4세기 전의 고구려 무덤들이 서쪽을 향하게 했던 것이나 위구르족의 무덤들이 서쪽을 향하게 하였다는 것은 그 의미가 분명 있으리라 본다. 의미가 있다면 그 의미는 고향이 아니 겠는가?

셈의 자손이나 욕단의 후손들이라면 당연히 자기들의 고향, 조상들이 있던 곳, 그곳에서 섬기고 제사(祭祀)했던 곳을 바라보면서 제사하지 아니하겠는가? 여기서 한 가지 짚고 넘어가야 할 일이 있다고 본다.

본 저자는 우리 조상을 셈의 자손이라 하지 아니하고, 욕단의 자손이라고 하느냐이다.

저자는 선민의 두 가계를 제시한다.

그의 근거는 창세기10장21절 "셈은 에벨 온 족속의 조상이요"

창세기10 : 21절의 상고(詳考)점을 독자에게 제시합니다.

첫째 창세기저자는 셈의 자손을 열거하면서 셈. 아르박삭, 셀라, 에벨, 벨렉(창11 : 10~) 으로 이어지나 창세기 10장21절에는 셈의 후손을 아르박삭과 셀라를 빼고 에벨을 칭 하였느냐와 두 번째는 족보의 서열은 장자계의 단수계열에서 10장21절에는 셈은 에벨 "온" 족속의 조상이라는 복수형을 기록한 이유는 무엇인가? 셋째는 에벨 "온" 족속이란 에벨의 두 아들 벨렉자손과 욕단의 자손을 지칭 하는 것이 아닌가?

셈으로 시작하여 에벨에서 벨렉으로 이어진 유대민족의 선민.

셈으로 시작하여 에벨에서 욕단으로 이어진 동이족의 선민

이것이 선민의 두 가계라고 보여 진다.

창세기 9장 20절부터 27절의 내용에는 노아가 세 아들에게 축복 하는 대목에서 셈에게 축복하시기를 셈의 하나님 여호와를 찬송하리 로다(26)의 셈의 하나님이라 칭하였으며 또한 셈의 장막에 거하게 하 셨으니(27) 이로 보건대 셈은 선택된 백성이며 그 후손 벨렉과 욕단 역시 선택된 백성이 아니 겠는가?

앞에서 언급한 바와 같이 "셈의 5대손에서 세상이 나누어지다."라 고 하면서 특별히 에벨의 두 아들 장자 벨렉과 차자 욕단의 이름을 기록하면서 그들이 나누어지는 지역까지 명시하는데, 장자 벨렉의 이 후 족보는 기록으로 아브라함과 다윗과 예수님으로 연결되지만 욕단 의 이후 족보는 기록되지 않음에 초점을 맞추려는 저자의 의도가 있 음을 밝힌다. 물론, 여기에 상당한 문제가 따름은 명백하다.

첫째, 많은 학자들은 욕단의 자손이 아라비아 반도 쪽으로 이동했 을 것이라고 주장한다. 그 이유는 아라비아 반도 동쪽 지역에 욕단의 자녀들의 이름이 지역 이름으로 남아 있기 때문이라고 한다.

그도 일리는 있는 말이다. 그러나 욕단의 13명의 자녀 중 5명 정도 의 이름과 지명(地名)이 연관되어 보이는데, 그 외 9명의 욕단의 자녀 들은 어디로 갔단 말인가? 또 한 가지는 성경 창세기 10장 30절에는

"메사와 스발은 어디이며 동편 산은 어디인가?" 또 다른 학자(學者)들은 함족이 아라비아 쪽으로 이동했음을 증거하고 있다.

또한 그들이 동으로 이동이 가능한 것은 그들이 유목민이라면 양떼와 함께 초장(草場)이 왕성한 곳으로 이동하였을 것으로 본다면 유라시아의 동서 3대 간선도로인 초원로(草原路)일 것이다. 왜냐면 이 초원로는 선사시대 때 개통되었다고 한다. 남쪽으로는 사막의 오아시스로는 유목민의 길이 아니며 북쪽은 산악과 추위가 있었을 것이라면 유목민의 선택은 당연히 초원로(草原路)이며 그들은 한 장소에 머물수 없는 목축의 특성상으로 차츰차츰 동으로, 동으로 초지를 따라 이동하여 고조선 땅의 초원에서 홍산문화와 아래로 황하문화를 이루면서 한자를 창제한 동이족이다. 그리고 그들이 문자를 창제(創製)하면서는 당연히 자기들의 조상으로부터 듣고 배우고 행하던 모든 풍습과 문화와 물려받은 신앙과 사상의 내용을 문자에 삽입하여 창제하였을 것이라고 볼 수 있다.

또한 〈읽는 자는 깨달을 진저〉의 165쪽에는 중국인의 조상에 관하여 "중국인의 조상은 역시 셈의 손자나 증손(曾孫) 중의 한 사람으로서 이 당시 중국말을 처음으로 사용하게 된 사람이었을 것이며, 이 족속이 바벨탑을 쌓던 곳에서부터 동쪽으로 이동하는 중 히말리아 산맥을 넘어 중국 평야를 발견하여 정착(定着)하게 되어 오늘의 중국이 되었을 것이다. 그러므로 중국인들이 사용하고 있는 한자 안에 성경 창세기의 내용이 함축되어 있다고 하는 것은 이 중국인들의 조상이 노아의 대를 잇는 셈의 자손으로, 노아와 셈을 통하여 전해 주는 창조에서 홍수까지의 역사를 잘 듣고 알았을 뿐 아니라 그대로 믿고 있었으므로 처음으로 글자를 창제할 때 이 역사의 내용을 글자 속에 반영한 것으로 볼 수 있다."라고 기록하고 있다.

(참조 : 창10 : 31 "이들은 셈의 자손이라 그 족속과 방언과 지방과 나라 대로였더라")

위에서 읽은 내용을 보면 한국인이나 중국인 모두는 서에서 동으로 이주하였던 것이고 글자인 한자는 중국인이 창제한 어감이 드는데, 그것은 사실이 아니며 한자는 우리의 조상인 동이(東夷)족이 만들었다는 것을 바로잡는다.

④ 음양오행설에 의한 이동설

동양의 음양오행설 방위와 색깔에 의하면 동쪽은 목(木)이며 색은 청(靑)색이며 서쪽은 금(金)이며 색은 흰(白)색이다. 라고 한다면 백의 민족은 분명 서쪽이며 우리 민족이 백의민족이라고 한다면 서쪽에서 이동해온 민족임이 틀림없다고 본다.

한 예로 고려 충렬왕 원년 6월에 대사국에서 말하기를 백성들이 흰 옷을 입으면 목인 동쪽인 우리가 금인 서쪽인에게 압제당하는 상입니다. 라고 해서 국론으로 우리는 목이니 푸른 옷을 즐겨 입고 금인 흰옷 입는 것을 금한다. 라는 영이 내렸다는 것이다. 〈엽기 조선왕조실록〉

⑤ 불교의 서방정토(西方淨土)와 이하백도(二河白道) 설.

서방정토란 서쪽에 있는 맑고 깨끗한 땅을 이르는 말.

이하백도란 두 개의 강과 하얀 길이란 뜻으로 《관경소(觀經疎)》, 〈산선의(散善義)〉 편에 나온다. 사람이 서쪽으로 가다 보면 물과 불의

강을 만나는데, 불의 강은 남쪽에 있고 물의 강은 북쪽에 있다. 그 경계에 있는 4~5치의 좁고 하얀 길에는 물과 불이 교대로 밀려들고 뒤에서는 사나운 도적 떼와 맹수들이 따라온다. 앞으로 나가면 물이나 불 때문에 죽을 것이고, 가만히 있어도 죽을 수밖에 없다. 사람이 백도를 지나갈 궁리를 할 때 동쪽에서 '이 길을 따라가면 죽지 않을 것이다.'라는 소리가 들리고, 서쪽에서는 '바른 마음만 가지고 오면 우리가 너를 보호할 것'이라는 소리가 들리는데 이 두 말을 믿고 따라가면 왕생할 수 있게 된다. [二河白道] (두산백과)

불교의 서방정토나 이하백도(극락왕생은 서쪽으로 가야 한다) 설은 기독교의 에덴동산을 말하는 것이며 사람은 서쪽에 있는 에덴동산에서 동쪽으로 이동하여 왔다는 또 다른 표현이다.

앞의 모든 논지의 주장은 우리 조상들은 서쪽에서 출발하여 동쪽으로 이동하여 왔다는 것을 대변하고 있다.

3) 한자의 진실(眞實)과 오해(誤解)

遷= 옮길 천자를 보면서 왜 중국 문자를 인용하느냐.

우리는 한자를 중국의 문자로 알고 있다. 이는 사실인가?

답은 '아니다'이다. 그럼 왜 중국 문자로 알고 있는가?

한자는 고대 조선에서 사용했을 것이고, 이어 부여와 고구려, 백제, 신라, 고려, 조선왕조에 이르기까지 한자를 사용하지 않았다고 누가 말할 수 있겠는가?

그러나 우리 겨레의 운명은 순탄치 못했다. 선조들의 역사는 제외하더라도 1910년 8월, 일본의 강제적인 한일합방조약으로 인하여 나라는 찬탈(簒奪) 됨으로써 우리 조상의 뿌리는 잘라 내어지고, 역사를 왜곡시키는 대대적인 정책으로 우리의 정체성인 역사와 전통과 풍습과 문화마저 거의 사라져 갈 무렵, 1945년에 해방되었다.

그 후에 새로운 대한민국이 설립될 때 일부 한자에 무지했던 위정자들의 문교 교육정책 수립 때문에 "한글 전용 사용'이란 명분과 우리 조상들의 역량 때문에 국민의 낮은 문명(文明)률이 명분이 되어, 한자 사용을 금지하게 되었다.

그리고 그의 여파로 '한자는 중국 글이며, 우리가 빌려 사용하였으니 이제는 우리의 글인 한글을 사용하여 국민의 문맹(文盲)률을 퇴치하고 문명(文明)국가를 이루어야 한다.'는 명분이 성립된 것이라고 본다.

그렇다고 해서 한글 전용 정책을 비평하는 것은 절대 아니다.

우리의 한글. 세계가 감탄하는 한글. 24개의 기호로 일만 천 개의 발음을 구사하며 어떠한 음도 표기하고 발음할 수 있는 우리의 한글. 그 한글 전용 정책의 하나로 문맹(文盲) 퇴치 운동이 전개되었고, 그 힘으로 우리 국민의 향학열은 고조되어 거의 모든 국민이 글을 깨우치게 되었으며 그 결과로 국민 문맹(文盲)률 1% 세계 문명(文明)률 1위 국가로 발돋움하였으며 또한 그 힘으로 대한민국의 경제 성장과 국제적으로 국가위상을 높이게 된 쾌거는 그 누구도 부인할 수 없는 사실이며, 칭송받을 만한 정책이었음은 틀림없다.

그러나 여기서 전개하고자 하는 취지는 한자의 잘못된 이해, 즉 한자는 중국 글이며 우리가 빌려 사용하고 있다는 잘못된 이해를 바로 잡고자 함이며, 이 일을 위하여 연구하여 발표한 기고문(寄稿文)이 2011년 7월 4일 자 세계일보 사설에 다음과 같이 실린다.

•기고자• 인제대 석좌 교수 진태하

"한자는 중국 문자가 아니라 우리 조상 동이족이 만든 우리의 글입니다. 중국 학계에서도 이 사실을 인정하는데, 한국만 모릅니다."

그는 여기에 한 사실을 덧붙이는데 우리나라 초기 문교 정책을 담당하신 분이 재임 시절, 중국을 방문한 일이 있다. 그때 중국의 문학자요 평론가인 임어당 선생을 만나 여담(餘談)으로 "중국이 한자를 만들어 놓아서 그 한자를 사용하는 우리가 문제가 많습니다."

라고 하자, 임어당 선생은 정색하시면서 "아니, 그게 무슨 말입니까? 한자는 당신네 조상인 동이족이 만든 문자인데, 그것도 모르고 있소?"라는 핀잔을 들었다고 한다.

"그럼 한자·한문이니까 한나라 글자가 아닐까요?"라는 의문을 가질 수도 있을 것이다.

그러나 한자는 한나라 글자라서 붙여진 것이 아니고, 징기스칸이 중국을 점령하여 원나라를 세웠을때 몽고문자와 구별하기 위해 그들이 쓰는 글자를 "한족지문자야(漢族之文字也)" 라 했다가, 이것을 축약하여 '한자'라는 이름을 붙여 몽고 문자와 구분하여 부르던 것이 굳혀져 한자라고 부르고 있다는 것이 사실이다.

또한 한나라는 기원전 202년이고, 한자는 기원전 약2500년 전인데, 한나라 글일 리가 없다. 우리는 이런 것을 두고 '어불성설(語不成說)'이라고 할 것이다.

4) 한자의 수난

① 살아남은 글자

한자의 창제연대는 정확한 문헌은 찾을 수는 없지만, 창세기와 중국 문자의 공동 저술자인 C.H.Kang 목사님의 저술을 인용한다. "나는 한자가 만들어진 기원에 대하여 연구를 하였는데 미국 하바드 대학에 있는 엔칭 도서관에 소장된 영문으로 된 여러 가지 논문을 통하여 약 B.C. 2500년에 한자를 만들려는 노력이 처음으로 시작되었다는 것을 알았다." (창세기와 중국 문자 14페이지)

이로 보건대, 세상에는 창조 이후 수많은 나라가 글자를 창제하였지만, 4000년의 기나긴 역사 속에 살아있는 글자는 오직 한자(漢字)뿐이라면 이는 분명 신의 가호(加護)가 없었다고 보기는 심히 어렵다.

수많은 나라 수많은 문자 속에 죄의 시작인 에덴동산의 사건이나 노아 홍수의 사건을 비롯하여 성경의 사상과 맥을 같이 하는 글자는 우리 조상이 창제한 한자뿐이라면 정말 놀라운 사실이 아니겠는가?

② 분서갱유 사건

이후 한자는 수많은 수난을 겪어야만 했는데 그 첫째가 분서경유 사건이다.

분서갱유(焚書坑儒) 사건이란 B.C 213년 중국의 진나라 진시황제 때 일어난 사건으로서 진시황제는 부국강경 정책의 명분으로 군주의 절대화를 위해 법가사상(法家思想)을 위주로 하는 신상필벌의 정책으로 빚어진 결과물이다.

정치의 도덕성을 상서하는 유생 460명을 갱유(坑儒) 생매장 하는가 하면 왕실과 기관과 사저에 있는 모든 서책 중 농사와 의술과 천문에 관한 서책만 두고 모두 불태우는 사건으로 말미암아 인류 역사와 동이족에 관한 모든 역사서가 사라지므로 역사의 맥은 끊어졌으며 다행히 선견지명이 높든 공자께서는 자기의 서책을 거처하던 가옥에 이중벽을 만들어 숨겨 두었던 것이 그나마 오늘에 와서 우리가 읽을 수 있는 사서삼경을 비롯하여 약간의 고서일 것이다.

③ 한자불멸 중국필망

"청나라 말에 '한자불멸중국필망(漢字不滅中國必亡)'의 구호를 외치며 루신(魯迅) 등 지식인들이 한자 폐지를 주장하고 나섰다.

그 이유는 중국의 문맹률이 90%에 달했기 때문이다. 하지만 마오쩌둥(毛澤東)은 한자의 몸 일부를 떼어내는 방법으로 생명을 연장시켰다. 그것이 바로 현재의 표준 중국어로 일컬어지는 '간체자'이다."

두 번째는 '漢字不滅 中國必亡(한자불멸 중국필망)', 즉 '한자가 없어지지 않으면 중국은 반드시 망한다'는 것이다. 참으로 무서운 말이다. 이글은 1918년 5월에 발표된 〈광인일기(狂人日記)〉에 기록된 글이다. 젊은 학도는 '西勢東漸(서세동점)'이라, 밀려오는 서양의 문물 앞에서 미래의 중국을 생각하니 답답함이 그지없어 보이는 그때, 지인으로부터 원고 청탁을 받고 쓴 글에는 다음과 같은 문장이 있었다.

"창문이 하나도 없고 무너뜨리려고 해도 무너뜨릴 수 없는 무쇠방이 하나 있다고 하세. 그런데 만일 그 방에서 많은 사람이 깊은 잠이

들었다고 한다면, 아마 오래지 않아 숨이 막혀 죽지 않겠는가? 그런데 그곳에서의 죽음이란, 혼수상태에서 죽는다면 고통이나 슬픔이야 느끼지 않을 거야. 그런데 지금 그들을 깨운다면 죽음의 슬픔과 고통을 느끼게 하는 것인데, 깨운 자네는 더 미안하지 않겠는가?

하지만 몇 사람이 일어난 이상, 그 무쇠 방을 무너뜨릴 희망이 전혀 없다고 말할 수는 없지 않은가?"라고 하면서 외친 한마디가 '한자불멸 중국필망(漢字不滅 中國必亡)'이다.

그뿐만이 아니다. 이어서 1949년 중화 인민공화국이 출범하자마자, 문자 개혁을 추진한다. 라틴 알파벳을 도입하자는 의견도 있었고, 또 일부는 한글을 권유받았다는 설도 있다. 그러나 다행이라고 단언(斷言)하지는 못하지만, 1964년 거의 15년 만에 간체자로 결론을 짓고 말았다. 그나마 다행으로 생각한다. 대한민국은 한글 전용 정책에, 중국마저 한자를 없앴다면 오늘날은 어떻게 변화했을까?

④ 대한민국 한글전용정책

그러나 우리나라의 한자운명도 순탄치 못했다. 1910년 8월, 일본의 강제적인 한일합방조약으로 인하여 나라는 찬탈(簒奪)됨으로써 우리 조상의 뿌리는 잘라 내어지고, 역사를 왜곡시키는 대대적인 정책으로 우리의 정체성인 역사와 전통과 풍습과 문화마저 거의 사라져 갈 무렵, 1945년에 해방되었다.

그 후에 새로운 대한민국이 설립될 때 일부 한자에 무지했던 위정자들의 문교 교육정책 수립으로 "한글 전용 사용'이란 명분과 우리 조상들의 역량 때문에 국민의 낮은 문명(文明)률이 명분이 되어, 한자 사용을 금지하게 되었다.

그리고 그의 여파로 '한자는 중국 글이며, 우리가 빌려 사용하였으니 이제는 우리의 글인 한글을 사용하여 국민의 문맹(文盲)률을 퇴치하고 문명(文明)국가를 이루어야 한다.'는 명분이 성립된 것이라고 본다.

⑤ 대한민국의 어문 정책 사례

광복과 더불어 국어회복운동이 도처에서 전개되고, 한글전용과 국한문혼용법이 수십 번씩 뒤바뀌는 역사가 시작되었다. 한편, 서구 어계 외래어가 물밀 듯 들어와 또 다른 국어오염문제가 심각히 대두하고, 남북분단으로 인한 남북한어의 이질화가 시작되었다.

1945년 '한자폐지발기준비위원회'가 발족하고 미군정청은 한글전용을 지시하였다. 1946년 <조선어성명복구령>이 내려지고 '학술용어제정위원회'가 설치되었으며, 1947년 '국어정화위원회'가 발족하였다.

1948년 <한글전용법>이 공포되었으나, 1949년 국회에서는 '한자사용건의안'이 가결되었으며, 문법용어 252개가 처음으로 제정되었다. 1950년 문교부(지금의 교육부)는 국민학교 한자교육을 결정하고 상용한자 1,200자, 교육 한자 1,000자를 선정하였다.

1951년 문교부는 우리말과 한자말에 쓰이는 어휘빈도실태조사에 착수하였다. 1952년 국민학교 4학년 이상 국어교과서에 교육 한자 1,000자를 괄호 속에 병용하였다. 1953년 철자법개정을 대통령이 명령하여 1955년까지 전국적으로 크게 물의를 일으키자 '한글 간소안'은 철회되고 한글 파동은 일단락되었다.

1954년 대통령이 한글전용을 지시하자, 1955년 <한글전용법>을 새삼 발표하는 반면에 중학교 한자교육을 정착시키고, 1956년 국민학교 교과서에 한자가 병서되었다. 1957년 상용한자 1,300자를 발표하는 한편 '한글전용 실천요강'이 다시금 발표되었다.

이에 따라 1958년 문교부는 각종 문서, 간판, 관청의 인장 등의 한글전용을 지시하였는데, 1961년 혁명정부는 한글전용을 거듭 지시하고, 1962년 ≪한글전용안≫ 제1집을 발표하였다.

1963년 '학교문법통일안'을 확정하고 9품사 252개 용어를 발표하였다. 1964년 초·중·고교의 상용한자교육이 다시 결정되는 한편, 1967년 대통령은 한글전용을 또다시 지시하였다.

1967년, 4년 전에 확정된 '학교문법통일안'이 시행되었다. 1968년 정부는 '한글전용5개년계획안'을 발표하고 상용한자 폐지와 함께 교과서 한자를 전폐하였다.

한글전용법률 6호의 단서 조항이 삭제되고, '한글전용연구위원회'가 설치되었다. 1970년 드디어 대통령령으로 <한글전용법>이 공포되고 각급 교과서가 한글전용으로 개편되었는데, 이는 1970년대 어문학계의 최대쟁점이 되었다. 한글맞춤법 전면개정문제가 대두되어 국어심의회에서 국어조사연구위원회를 구성하였다.

1971년 여러 학술단체에서 한자교육 부활을 촉구하는 건의문을 당국에 제출하니, 1972년 문교부는 또다시 중학교 한자교육을 결정하고 한자교육용 기초한자 1,800자를 확정, 공고한 뒤 중학교에 한문과목을 독립시켜 한자교육을 부활시켰다. 한편, 전국 39개 문화단체연합회에서 한자교육을 반대하는 건의문을 당국에 제출하였다.

1974년 문교부는 중·고등학교 교과서에 한자병용을 결정하니, 이는 다시금 한자병용시대로 회귀한 것으로 풀이된다. 대한교육연합회는 국민학교에서도 한자교육을 시행할 것을 건의하였다.

1976년 대통령의 국어순화운동 지시에 따라 '국어순화추진대책위원회'가 구성되고 범국민적인 순화운동이 본격적으로 시작되었다. 한국방송윤리위원회 방송용어자문위원회에서는 ≪방송용어심의안≫ 제1집을 간행하였다.

1978년 '문화재용어 통일 및 한글화추진위원회'가 발족하였다. 1982년 '국어순화세칙'이 확정되고 대상어휘 1,654개가 발표되며, 1983년 문교부는 ≪국어순화자료집≫(6,800단어)을 배포하였다.

국어순화정책을 좀더 강력히 추진하고자 정부는 국무총리 훈령으로 '행정용어 바르게 쓰기에 관한 규정'을 공포하고 1992년부터 시행하고 있다.

또한 순화된 용어를 자동적으로 바꾸어 주는 '행정용어 교정프로그램'을 중앙부처에 보급하고 행정용어 순화편람(약 1만 단어)과 각종 전문용어 순화자료집을 전국의 행정기관·교육기관·학계 등 각종 단체에 보급하였다. 1984년 개정된 <국어의 로마자표기법>이 공포되고, '국어문법통일안'이 확정되었다.

1985년 <고등학교용 국어문법통일안>이 발표되었으며, 1986년 개정된 <외래어표기법>이 공포되고, 1988년 국가 차원에서 마련한 최초의 <한글맞춤법>과 <표준어규정>이 마침내 완결, 공포되어 1989년부터 시행되고 있다. 그러나 이 4대 정서법에는 여전히 문제점이 남아 있어서 현재 일부 규정의 재검토가 논의되고 있다.

한편 일상언어의 화법(지칭어·호칭어·인사말 등)이 혼란스러워 이를 정리하고자 국가 차원에서 화법표준화 사업이 시작되었다.

국립국어연구원과 조선일보사가 공동으로 1990년부터 1년 동안 화법개선안을 조선일보 지면에 연재하고 이를 모아 ≪우리말의 예절≫ 이라는 책을 간행하였다. 언어교육면에서는 제6차 고등학교 교육과정 중 국어과목에 '화법'을 1996년부터 신설·교육하고 있다.

<어문정책 [語文政策] (한국민족문화대백과, 한국학중앙연구원)발취>

※ 한국민족문화중앙연구원의 바램

"국가는 어문정책에서 일관성·합리성·효율성을 견지하여야 한다. 건국 후 전용론과 혼용론이 수십 번씩 뒤바뀐 것은 커다란 교훈이 될 것이다. 국가의 어문정책이 합리적이며 확고하여야 존엄성도 생기고 국민이 신뢰하며 위에 제시된 제 문제들이 원만히 풀릴 것으로 보인다."

【제 2 장】

한자와 성경

본 저자는 우연한 기회에 주부들을 상대로 한자를 가르칠 기회가 있었는데 그때 한자의 뜻과 조제과정을 설명하면서 한자는 성경을 모르면 설명하기가 쉽지 않음을 깨달았고. 한자로서 한자를 창제한 우리 조상들의 신앙과 사상을 그들이 창제한 글자를 통하여 그 후손들에게 알 수 있게 창제하였으나 세월이 흐르매 조상도 잊고 선조들의 신앙과 풍습과 문화도 잊었지만 그래도 많은 변형은 있지만 수많은 풍파와 역경을 견디고 살아남은 한자(漢字)가 있기에 오늘에 와서 한자를 통하여 재조명해 보고자 한다.

예) 裸(벌거벗을 라) 본 글자는 옷을 홀랑 벗은 몸이란 뜻인데 이 글자를 창제할 때 어떤 근거로서 어떤 뜻, 어떤 의미를 부여하여 만들었을까? 분명 근거에 의한 뜻과 의미를 부여하여 창제하였을 것이다. 알아보자.

1) 한자의 이해

① 글자는 말의 기호이다

많은 학자들이 주장하는 말과 글에 대한 표현은 '글'이란 '말을 나타내는 표식'이고, '말'은 '생각을 표현하는 소리(음)'이다. 따라서 글과 말속에는 측량하기 어려운 힘의 원동력이 있어서 글과 말은 하나의 기호로서나 소리로 끝나는 것이 아니라 결과를 초래하는 강력한 에너지가 포함되어 있다고 한다.

선조들의 글을 인용하면 '설망어검(舌芒於劍)'이라 혀(말)는 칼보다

날카롭고, '설참신도(舌斬身刀)' 말은 사람을 죽이기도 하는 칼과 같다는 뜻이다. 이러한 말은 혹 흘려보내 버릴 수는 있을지 모르지만, 글은 말보다 더욱 큰 역할을 할 수 있는 물증(物證)의 근거가 남아 있는 것이 글이다.

그런데도 우리는 이러한 글을 쉽사리 취급하여 한자를 뜻글자로만 취급하고 소리(音)는 큰 의미가 없다고 주장하니, 실로 개탄스러울 따름이다. 음(소리)은 다음에 살펴보기로 하자.

한자의 특성은 모양(象形)이나 지사(指事)를 이용하여 뜻을 나타낸다는 점이고 세종대왕께서 창제한 훈민정음(訓民正音)은 소리(音)를 기호나 표식으로 나타내기에 쉽게 창제된 글자로서 세계의 어떤 글자보다도 우수하며 한자는 모양을 보고 뜻을 이해하고 음(소리)으로 목적을 표현할 수 있음에 실로 놀라지 않을 수가 없는 우리 조상들의 지혜에 감탄할 따름이다.

글자와 말을 한마디로 정리한다면, 글은 말의 기호이고, 말은 생각의 소리(음)이다. 다시 말하면, 생각을 토출하면 말이 되고, 말을 기호로 표시하면 글이 된다는 뜻이다.

오늘날 우리나라에서는 앞장에서 언급한 바와 같이 건국 초엽(初葉)에 한자를 불신한 몇몇 위정자(爲政者)들의 소신이 우리글 '한글 전용'이라는 명분 아래 자행된 한자 병기(倂記) 불허로 인해 소리(음)는 전달될지 몰라도 뜻을 이해하지 못하여 발생한 에피소드는 적지 않으리라고 생각한다.

그 한 예가 한자를 배워야 할 이유를 설명하면서 주부들에게 이런 질문을 던져봅니다. 여러분은 운전을 하다가 주유소에 주유하기 위해가면 무연 휘발유라고 쓰여 있는 것을 볼 것입니다. 그 무연 휘발유는 무슨 휘발유입니까? 라고 물으면 하나같이 대답은 연기가 나지 않은 휘발유라고 자신 있게 대답합니다.

한자로는 무연(無煙) 연기가 없는 휘발유가 아니라 무연(無鉛) 납 성분이 없는 것입니다. 물론 지금은 기름의 질이 좋아졌으므로 모든 휘발유는 무연 기름입니다.

또한 성경에서 한 예를 들어 본다면 성경미가 6장 8절에 "사람아 주께서 선한 것이 무엇임을 네게 보이셨나니 여호와께서 네게 구하시는 것은 오직 정의를 행하며 '인자'를 사랑하며 겸손하게 네 하나님과 함께 행하는 것이 아니냐." 〈개역한글성경〉

위의 성경 말씀을 통독하면서 "인자를 사랑하며"라는 단어를 읽을 때, 머리에 떠오르는 생각은 '예수님께서 말씀하신 네 이웃을 네 몸과 같이 사랑하라는 말씀을 기억하면서 사람을 사랑하라고 하시는 말씀이구나.'라고 이해할 것이다. 맞는 말씀 같지만, 미가서의 말씀의 '음'은 맞을지 모르지만 '뜻'은 아니다.

미가서의 인자는 사람(人子)이 아니라 인자(仁慈), 즉 어짊과 자비가 있어야 한다는 말이다. (참조 : 미가6 : 8절 국한문성경)

비단 이것뿐이겠는가?

이처럼 한글은 음(소리)이 같은 단어의 구분이 어렵고, 한자는 뜻은 구별할 수는 있지만, 실용성 있게 배우기 힘든 게 사실이다.

그러므로 한자와 한글은 각각이 가지고 있는 특성을 잘 조화시켜 사용한다면, 금상첨화(錦上添花)일 뿐만 아니라 '은쟁반에 금 사과'와도 같을 것이다.

이제 비단옷에 꽃을 수놓는 것과 같이 또 은쟁반에 금 사과를 올려놓는 것과 같이 한자와 한글을 조화롭게 활용한다면, 우리 모두에게는 편리하고 정확한 의사 전달이 통용되며 우리나라의 국익과 우리의 생활은 더욱 윤택하게 되리라 생각되며, 다시 한 번 우리의 글, 한자와 한글을 자랑스럽게 생각한다.

② 한자의 창제 육서와 부수

말은 귀를 통하여 의사를 소통하는 수단이며, 글은 눈으로 통하여 의사를 소통하는 수단이다. 그러면 눈을 통하여 의사를 전달하는 한자는 어떤 과정에서 만들어졌는가?

홍수 이후에 바벨탑 사건으로 하나님께서 언어를 혼돈(混沌)시켜(창11 : 9) 모여 살던 백성들을 흩으실 때, 서로 언어가 소통되는 무리끼리 모여 이동하게 되었을 것이다. 그리고 이때 셈의 후손들도 이동하게 되는데, 셈의 후손에게는 특별한 사건이 일어난다. 앞장에서 언급 하다시피 셈의 다섯 번째 후손인 에벨에게는 두 아들이 있었는데, 장자는 벨렉이요, 차자는 욕단이라. 성경에서는 이들의 이동 경로도 나누어진다고 기록하고 있다. 이 중에서 장자 벨렉의 자손의 이동 경로는 성경에 기록되어 아브라함으로부터 예수님까지 기록을 다 볼 수 있는데, 차자 욕단의 후손들의 족보와 이동 경로에 대해서 성경은 기록하고 있지 않다.(창10 : 30)

그러하다면 추측하건대, 벨렉의 자손들은 유프라테스 강과 티그리스 강 주변에 거하게 되고, 그 근거는 창 11장 31절에 아브람이 갈대아 우르(갈대아 우르는 유프라테스 강 하류)에서 살았던 기록이 있으니 (참

조 : 그림3)그곳에 있었고, 욕단의 자손들은 동쪽으로 이동하였으리라 짐작할 수 있다.

욕단의 자손들은 동으로 이주하다가 동북아(내 몽골) 지역을 비롯하여 황하강을 만나고, 그들은 그곳 주변에서 거주하면서 홍산 문화와 황하 문화를 이루었으며, 이때 어사(語辭) 소통을 위하여 글자를 창제하였으리라 본다. 그들의 글자 (한자)는 특별한 특징으로 만들어졌는데, 그 특징은 다음과 같다.

첫째, 육서 : 구체적인 사물의 모양을 이용하여 뜻을 나타내도록 만들어졌으며 그 문자를 우리는 '상형(象形) 문자'라 하고, 이 상형 문자는 새로운 문자를 만드는 데 밑바탕이 되었다.

둘째, 보이는 사물은 있지만, 일정한 사물의 표현을 할 수 없는 경우, 즉 위치나 수량이나 성질 따위를 가리키거나, 나타내 보여야 하는 추상적 사물을 나타내기 위해 만들어진 글자를 우리는 '지사(指事)문자'라 부른다.

셋째, 또 다른 글자의 창제는 위 두 원리로 만들어진 기성문자에서 뜻이나 음에 의하여 둘 이상을 합하여 만들어지는 글자를, '회의(會意)'문자와 '형성(形聲) 문자'가 있다.

위에서 기록한 상형·지사·회의·형성은 글자의 창제 과정이며, 한자의 운용 과정에서 기성 한자의 뜻을 그것과 관계있는 다른 뜻에 맞추어 사용하며, 음은 있는데 한자가 없는 곳에 사용하는 전주(轉住)와 가차(假借)가 있다. 그 둘을 설명하면 다음과 같다.

전주(轉注) : 뜻을 유추하여 전용하여 쓰는 것

예) 樂 (1) 풍류 악= 음악(音樂), 악기(樂器)

      (2) 즐거울 락= 오락(娛樂)

      (3) 좋아할 요= 요산요수(樂山樂水)

가차(假借) : 글자의 뜻은 관계없이 음이 같거나 비슷한 글자를 임시로 빌려 쓰는 것

예) 아세아(亞細亞), 인도(印度), 불란서(佛蘭西) 등등

둘째. 부수 : 서기 100년경 후한 때 허신(許愼, AD 58년~147년)은 당시에 통용되고 있던 한자 9,353자의 글자를 모아 구조나 뜻 등 서로 연관되는 글자들끼리 분류하여 540자로 나누어서 통속 시켰다. 이것이 오늘날 우리가 사용하는 자전 부수의 기초가 되었으며, 오늘날은 540자의 부수를 다시 분류하여 지금은 214자로 되었다.

또한 허신은 당시에 통용되고 있던 예서(隸書) 에 대한 자의(字意)와 구조(構造)를 설명·해석했으며, 육서법을 통해 문자 창제(創製)와 운용에 기초한 구조의 설명에 사용했다. 이 원칙이 '상형· 지사· 회의·형성·전주·가차'이다.

다시 말하자면, 육서 중 상형·지사·회의·형성의 네 가지는 문자의 구조에 관한 원칙이고, 나머지 전주와 가차는 기성문자의 활용 상의 원칙으로 본다.

오늘날 다시 한 번 허신의 시대를 되돌아보면서, 한자의 뜻이 정말 창제 당시의 글자가 지닌 의미 그대로일지, 즉 약 2500년 전의 그 뜻을 수용하고 있을지 궁금하다.

첫째, 너무나 긴 세월의 흐름에 그 뜻이 그대로 흘러 왔을지에 대

한 궁금증이고, 둘째로는 사상의 문제이다. 〈설문해자(說文解字)〉를 만들 당시에는 불교와 유교와 도교가 판을 칠 때이고, 허신 역시 유교나 불교의 사상에 젖어 있는 가운데서 설문하였다면, '한자의 창제자들의 뜻이 반영되었을까?'에 대한 궁금증이다.

그리고 수만 리 떨어져 있고 교통이나 통신 수단도 없는 때에 히브리인의 성경 내용과 수천 년 전에 우리의 조상이 창제한 지금의 우리가 사용하고 있는 한자를 자의(字意)적으로 연관 지어 설문하였을까? 아닐 것이다.

그러면 허신은 성경의 사상을 알고 있어서 자기가 알고 있는 성경 사상을 〈설문해자〉에 반영하였을까? 이것도 아닐 것이다.

그는 한자의 오묘(奧妙)한 뜻을 이해하였기에 육서 원리를 정리하고 또 부수를 분리하여 한자의 뜻을 이해할 수 있게 정리한 것을 볼때, 허신의 한자 이해가 창제한 조상들의 사상에 부합되는〈설문해자〉가 되었을 것으로 본다. 그러나 성경과 배치(背馳)되는 수많은 부분에 대해서는 아쉬움이 크다.

또한 허신이 정리한 육서법에 따라, 한자를 창제할 때 정말 상형자, 즉 모양만 보고 창제하였다고 단정 지을 수 있을까?

아닐 것이다. 그들은 조상으로부터 구전으로 전해 내려오던 신성한 신앙의 역사를 그들의 지혜와 지식으로 한자를 창제할 때 후손들에게 특별한 목적(?)을 물려주기 위해 특별히 창제하였으리라 보인다.

정말 그러하다. 이 세상에 존재하는 수많은 나라 수많은 글 중에서 하나님을 소개하거나 창조론, 구원론을 글자에서 소개하는 글이 옛날에서부터 오늘에 이르기까지 있는지 찾아보자.

만일 없다면 우리 민족은 특별한 천손이며 하나님의 백성이 아니겠는가? 조심스럽게 자문해 본다. 이 사실이 놀랍지 않은가?

그런데 지금의 우리는 어떤가? 한자를 바라보는 기독교인들의 뇌리에는 한자를 유교나 불교의 전용물인 양 인식하고, 한자는 기독교와는 아무런 연관이 없다고 생각하고 있지는 않은가?

한자는 불교나 유교와 같은 하나님을 배척하는 그들의 전용물이 아니라 우리 민족들이 천손으로서 우리 조상들이 섬겼든 하나님을 찾아가는 도(道)가 되고 하나님을 모르는 수많은 영혼들에게 하나님을 소개하는 매개물임을 인식하여야 할 것이다. 세계 인구의 삼 분의 일이 거주한다는 아시아 지역 한자를 의사소통(意思疏通)의 수단으로 사용하는 수십억의 영혼들에게 하나님을 소개하는 매개물(媒介物)로 사용했으면 한다.

한자는 하나님을 소개하는 글임에는 그 누구도 이의를 제기하지 못할 것이다.

2) 한자와 한문 풀이 방법

① 한자 풀이 방법

(1) 설문해자 풀이 방법

한자를 공부하는 학도들의 뜻풀이 기초로 삼는 게 〈설문해자〉이나 〈설문해자〉의 저자 사상이 불교와 유가의 사상이기 때문인지, 기독교 사상과는 상당한 괴리(乖離)가 있다. 하지만 그래

도 많은 부분에서 참조할 만하여 다수 활용한다. (허신의 〈설문해자〉, 단옥재의 〈설문해자 주(註)〉)

각주 : - 허신(許愼)과 설문해자 -

<A.D.58~147년 중국 후한의 고관이며 학자.
설문해자의 저자이며 당시 통용된 한자 9,353자를 글자의 뜻에 따라 부수로 540자로 분류하여 통속 시키고 글자의 뜻과 구조를 정립하여 구조로서는 육서로서 상형. 지사. 회의. 형성. 전주. 가차. 이며 각 글자의 뜻을 설명하였다.>

각주 : - 단옥재(段玉裁)의 설문해자 주 -

<A.D.1735~1815년 중국 청대의 문자 학자이며 허신의 설문해자를 30권으로 주석 저술하여 자음(字音)과 자의(字意)를 기록함으로 오늘날 고전을 해석하는 기초가 되며 자전의 기본이 되다.>

(2) 자전(玉篇) 풀이 방법

자전(옥편)에 기록된 뜻은 허신의 〈설문해자〉를 단옥제가 〈설문해자주석〉을 저술하여 폭넓은 뜻으로 이해할 수 있게는 하였으나, 잘못된 설문에서 다시 자전으로, 또 필사 자전으로 이어지면서 그들의 학식이나 사상으로 풀이하였기에 심중을 기하여야 할 것으로 보인다.

(3) 파자(破字) 풀이 방법

한자는 획 하나 점 하나에 그 의미와 뜻이 담겨 있기 때문에, 파자 풀이 방법을 통해 상당한 의미와 뜻을 이해할 수 있지만

4,500년의 세월이 흐름에 글자의 변천은 갑골문자에서 금문으로 전서, 예서, 해서, 행서, 초서를 거치는 과정에서 획과 점의 변형은 불가하였을 것이나 그래도 지금의 해서체의 기준으로 상당한 의미를 찾을 수 있다는 것을 다행으로 생각한다.

② 한문 풀이 방법

(1) 직역(直譯)= 글자의 뜻에 충실하여 풀이하는 방법

(2) 의역(意譯)= 글자의 뜻에 미사여구(美辭麗句)를 가미하는 풀이 방법

(3) 사상역(思想譯)= 자기의 사상(思想)에 따라 꾸며 가는 방법

※ 한문 풀이는 학식과 사상에 따라 많이 좌우되므로 상당한 주의를 요한다.

③ 고문 해석법

(1) 술이불작(述而不作)* = 옛날의 학술 사상을 진술하여 후세에 전수하기만 하고 새로운 것을 지어내지는 말라.

(2) 궐의(闕疑)= 해석이 의심스러우면 자의적으로 해석하지 말고 그 자리에 비워 두라 그 대상이 말한다.

본 저자는 위 세 가지의 한자 풀이 방법과 두 가지의 한문 풀이 방법을 최대한 존중 하여 문자와 문장을 직역과 기독교의 사상으로 문

---

* 子曰述而不作 : 공자 왈 술이불작)= 공자께서 말씀하시기를 "옛것을 풀이는 하되 창작은 하지 말라"는 뜻

장을 풀어나갈 것이다. 타 사상으로 풀이한 자(字)와 문(文)이 기독교 사상에 걸맞지 않음과 같이 기독교 사상의 풀이 또한 타 사상에는 부합되지 않은 점에서는 최대한 직역으로 그 뜻을 풀이하려고 한다.

3) 천지 창조와 한 일(一)

창1 : 1= 태초에 하나님이 천지를 창조 하시니라

한자는 천지 창조를 어떻게 설명할까? 한자의 처음 시작은 '一(한 일)'부터 시작한다. 이 '一'자를 앞장에서 소개한 허신은 2000년 전에 〈설문해자〉에서 아래와 같이 설명하였다.

"一"(일)은 唯初太極 道立於一 造分天地 化成萬物
　　　　 유 초 태 극　도 립 어 일　조 분 천 지　화 성 만 물

【唯初太極 (유초태극)】
唯初(오직 유, 처음 초)
〈설문해자〉의 唯初= 오직 그 어떤 것보다 먼저 처음이란 뜻이며 성경의 '태초(太初)'나 〈설문해자〉의 '유초(唯初)'는 같은 처음을 말한다.

太極(클 태, 덩어리 극)이란, '큰 덩어리'란 뜻이다.
사전적 해석= 역학에서는 '우주 만물이 생긴 본체, 덩어리, 즉 하늘과 땅이 아직 나누어지기 전 만물이 생성되는 근원이 되는 것'이라고 기록하였다.

성경적 해석= 태극(太極)이란 창1 : 2= '땅이 混沌(혼돈)하고 공허 (空虛)하며'라고 했는데 여기에서 '混沌(혼돈)'이란 '사물의 구별이 분명 치 않은 상태의 모양'이라니 이것은 '땅은 있으나 땅의 형태를 갖추지 못한 어떤 큰 형태'이며 '아무것도 없는 빈 공간(공허, 空虛)'이라고 보 아야 할 것이다.

따라서 '惟初太極'이란, 최초에 세상이 혼돈되고 빈 공간의 큰 덩어 리였다 라고 말할 수 있다. 즉, 성경 창세기 1장 2절의 '땅이 혼돈(混 沌)하고 공허(空虛)하며'와 같은 뜻이다.

【道立於一 (도립어일)】

먼저 '도(道)'란 무엇을 뜻하는 것일까?

지금 우리는 '길 도'라 하여 사람이나 차마가 다니는 땅의 길을 연 상하기 쉬운데, 여기서 말하는 도(道)자를 파자해 보면 머리 수(首)자 에 갈 착(辶)자를 합한 자니, 이것은 '머리가 가는 길'이라는 뜻으로 보 아야 할 것이다.

자전의 본뜻은 '인의충효지덕의(仁義忠孝之德義)'라, 이 글에서 도 (道)는 '인간이 행하여야 하는 도리 즉 행동거지'를 말한다고 보아야 한다. 그러면 성경적 도(道)는 무엇을 말하는가를 살펴보자.

시편기자는 시편 25편 4절에서 "주의 도를 내게 보이소서."라고 했 고, 고린도 전서 1장 18절에는 "십자가의 도가 멸망하는 자들에게는 미련한 것이요, 구원 얻는 우리에게는 하나님의 능력이라."고 했으며, 시편 77편 13절에는 "주의 도는 지극히 거룩하시오니 하나님과 같은 신이 누구입니까?"라고 하였다.

또한 성경의 기록에 의하면, 하나님의 말씀이 도(道)라는 것이다.

요한복음 1장 1절부터 나오는 '말씀'이란 단어가 한문 성경(1912년 발행)에서는 '도(道)'라고 기록하고 있다.

요한복음 1장 1절 "태초에 말씀(道)이 계시니라 이 말씀(道)이 하나님과 함께 계셨으니 이 말씀(道)은 곧 하나님이시라." 요한복음 1장 14절의 "말씀이 육신이 되어"의 '말씀'을 한문 성경은 '도(道)'라고 기록하고 있다.

요 17 : 17= 주의 말씀(道)은 진리이니라.

이로 보건대, 도(道)란 하나님이시고 또한 하나님의 말씀이시며 하나님의 능력이며 진리라고 정의를 내릴 수 있다.

다른 면에서 도(道)에 대한 개념을 살펴보자. 성경 외에 도에 대한 개념 정리는 암마 노자가 말하는 도(道)가 가장 이상적이 아닐까 생각한다.

노자의 〈도덕경〉을 인용하면 "道可道 非常道 名可名 非常名"이라. "이것이 도라고 말하는 도는 도가 아니며, 이것이 도라고 이름을 붙이면 그것이 참된 도라는 이름이 아니다."라는 뜻이다.

노자가 말하는 도는 무한이 신비롭고 오묘한 실재이며 무형(無形)이며 무상(無象)이며 무명(武名)이며 무성질(無性質)의 실체로서, 우리의 감각적이나 경험적이나 이성적이나 객관적으로 인식할 수 있는 것이 아닌 '신비'로 보아야 한다.

이 말은 성경에서 말씀하시는 하나님을 뜻하는 말이 아닌가?

道立於一이란,

하나님의 도(道)의 말씀으로 일(一)에서 시작하여 세움을 뜻한다. 즉, 천지 창조는 '하나님의 도(道)인 말씀으로 무에서 시작하여 세운다'란 뜻이다. 천부경에는 일시무일시(一始無一始)란 말이 있다. 이 역시 일의 시작은 무에서 시작하여 일이 된다. 라고 우리 선조들은 말씀하셨다.

道(길 도)= 하나님, 하나님의 길, 능력, 말씀, 진리

立(설 립)= 建也(건야 : 건설하다, 세우다) 成也(성야 : 이루다)

於(어조사 어)= ~에서

一(한 일)= 數之始(수지시 : 수의 처음, 시작)

【造分天地(조분천지)】

하늘과 땅을 만들어서 나누었다.

성경 창세기 1장 7절~8절에는 "하나님이 궁창을 만드사 궁창 아래의 물과 궁창 위의 물로 나뉘게 하시매 그대로 되니라. 하나님이 궁창을 하늘이라 칭하시니라."고 나와 있다.

【化成萬物(화성만물)】

만물이 다 만들어 이루어지다.

창1 : 2절과 같이 "땅은 공허하며 혼돈되고 큰 덩어리였으나 하나님이시며, 말씀인 진리의 도(道)가 하늘과 땅을 나뉘고 그 가운데 만물을 이루어지게 하였다."는 뜻이며, "그때를 시작으로 일(一)을 그 의미에 둔다."라는 뜻이다.

시편 33장 6절에는 "여호와의 말씀으로 하늘이 지음이 되었으며 만상이 그 입 기운으로 이루었도다."라고 기록되었으며, 히브리 11장 3절에는 "모든 세계가 하나님의 말씀(道)으로 지어진 줄을 우리가 아나니 보이는 것은 나타난 것으로 말미암아 된 것이 아니니라."고 언급한다.

우리 조상들은 한자 "一"을 왜 눕혀져 있게 만들었을까? (참조 : 창1 : 2, 수(水)면은 한 일자와 동일) 2000년 전의 허신은 왜 "유초태극 도립어일 조분천지 화성만물(惟初太極 道立於一 造分天地 化成萬物)"이라 하여, 처음에는 하나의 큰 덩어리에서 천지와 만물이 다 만들어졌다고 하는가?

이것은 분명 한자를 창제한 우리의 조상들은 천지 창조에 대한 모든 사실을 알고 있었고, 그 얼이 전해져 내려왔던 것이 분명하며, 그들은 셈족의 후손이며 벌렉이나 욕단의 후손일 것으로 본다.

각주 : 唯 : 오직 유, 初 : 처음 초, 太 : 클 태, 極 : 덩어리 극, 道 : 길 도, 立 : 설립, 於 : 어조사 어, 造 : 지을 조, 分 : 나눌 분, 天 : 하늘 천, 地 : 땅 지, 化 : 될 화, 成 : 이룰 성, 萬 : 일만 만 物 : 만물 물

4) 에덴동산과 한자

① 나무 목(木)자의 이해

木= 자전= 東方位(동방위)

　　설문해자= 冒地而生 東方之行(모지이생 동방지행)

창세기 2장 8절과 9절에는 "여호와 하나님이 동방의 에덴에 동산을 창설하시고 그 지으신 사람을 거기 두시고 여호와 하나님이 그 땅에 보기에 아름답고 먹기에 좋은 나무가 나게 하시니 동산 가운데는 생명나무와 선악을 알게 하는 나무도 있더라."고 적혀 있다.

하나님께서 에덴에 동산을 창설하시고 제일 처음으로 등장하는 사물은 나무이다. 그래서 에덴동산의 사건은 나무 목자로부터 시작한다.

우리의 조상들이 한자를 창제할 때 나무에 대해 어떠한 사상을 가지고 글자를 창제하였을까?

전편에서 소개한 허신은 목(木)자를 "모지이생(冒地而生) 동방지행(東方之行)"이라고 설문하였다. 모지이생(冒地而生)이란 땅 밑에서 머리로 밀고 올라온다는 뜻이고 또한 동방지행(東方之行)이란 동방에서 행하여지는 일이란 뜻으로 풀이된다.

한자 자전에는 동방위(東方位)라고 한다. 동방위란 '동방에 있는 장소다. 즉 동방에 있다는 뜻이다.

위의 두 설명에 의하면 동방의 한 장소에 나무가 있다.

각주 : 冒 : 무릅쓸 모. 地 : 땅 지. 而 : 말미암을 이. 生 : 날 생. 東 : 동녘 동. 方 : 모 방. 之 : 갈지. 行 : 다닐 행. 位 : 자리 위

성경의 기록에는 '처음으로 동방의 에덴동산에 나무가 있게 하였다.' 라고 하니 한자가 말하는 것과 성경의 창세기 2장 8절과 9절이 말하는 것이 일맥상통(一脈相通)하며 일치한다고 본다.

그렇다면 이번에는 목(木)자의 한글 적 의미를 살펴보자.

목(木)자의 뜻은 나무이고 음(音)은 목이라 부른다. 왜 우리 조상들은 나무를 목이라 부르게 되었을까? 나무를 목이라 부르게 된 시기와 만든 자는 알 수 없지만, 목이라 이름을 지은 이유는 분명 있을 것이다.

'목'이라 불리는 명칭을 몇 가지 살펴보자. 나들목, 손목, 발목, 몸과 머리를 잇는 목, 골목, 목자, 목사, 판데목 등등…….

'목'이란 단어가 들어가는 명칭에는 두 가지 역할이 있다. 그 첫째가 연결의 역할이고, 두 번째는 흐름의 역할이다.

먼저 연결(連結)의 역할(役割)에는 어떤 것이 있는가? 인체를 보면, 몸과 머리를 이어 주는 목이 있는가 하면, 손과 팔을 이어 주는 손목, 발과 다리를 이어 주는 발목, 외부의 사물과 인체의 뇌로 연결하여 볼 수 있게 하는 눈인 눈목(目)이 있다. 또 큰길로 연결하는 작은 길을 '골목'이라 하고, 하나님과 인간을 연결하는 일을 하는 사람을 '목사(牧師)'라 한다.

둘째로, '목' 자는 연결만을 의미하는 게 아니라 연결되므로 그곳으로 어떤 흐름이 있을 것이다. 그 흐름의 중요한 역할을 찾아보자.

인체에서 불리는 목이란 생명의 물질이 흐르는 곳이며, 목사란 하나님과 사람을 연결하여 영적 생명이 흐르게 하는 역할을 하며, 골목이란 사람과 차들이 대로로 나가게 이어지는 좁은 길을 의미한다. 또

한 임진왜란 때 왜적들이 남해 바다를 침범(侵犯)해 왔을 때 이순신 장군은 왜적들을 남해 웃돌 목으로 쫓아 노량해전을 승리로 이끌고, 잔유 해적은 통영 쪽으로 도망하다 지리를 잘 알지 못해 앞이 막힌 줄도 모르고 도망하다가 앞이 막히자 육지에 내려 땅을 파서 물이 통하게 하여 도망갔다는 설이 내려오는 통영시에 있는 '동양의 나폴리'라 부르는 통영의 판데목이 있다. 왜군이 파서 물이 통과하였다는 의미로 '판데목'이라 하며, 이곳은 서쪽 물과 동쪽 물이 서로 흐르는 목이다.

그 밖에도 많은 예가 있지만, 어쨌든 '목'이란 '이곳과 저곳을 연결한다'는 뜻을 담고 있음은 분명한 사실이다.

그렇다면 나무 목(木)이 가지는 성경적 의미는 무엇인가?

창세기 2장 16절과 17절에는 다음과 같은 구절이 나온다.

"여호와 하나님이 그 사람에게 명하여 가라사대 동산 각종 나무의 실과는 네가 임의(任意)로 먹되 선악을 알게 하는 나무의 실과는 네가 먹지 말라. 네가 먹는 날에는 정녕 죽으리라."

이 성경에서 말씀하시는 것은 동산에는 두 가지 나무(林)가 있는데, 한 가지 나무(木)의 실과는 네가 먹으면 생명으로 이어질 것이고, 또 다른 한 나무의 실과를 먹으면 '정녕 죽으리라', 즉 '생명의 흐름이 끊어지리라'는 목자의 뜻으로 이해할 수 있다.

계시록 22장에서는 '생명나무(木)'란 말이 세 번이나 나온다. (22 : 2.14.19)

이처럼 나무의 음(音)인 '목'은 단순한 나무를 가리키는 것이 아니라, 나무를 통하여 생명의 근원이 흐르며 또 한 나무의 실과를 따먹었을 때 생명의 근원의 흐름이 끊어지고 인간은 죽게 된다는 것을 의미한다.

성경 창세기 3장 6절에는 그러한 생명의 근원(根源)을 '따먹었다.' 라고 나온다. 생명 근원(根源)의 흐름이 따먹으므로 끊어졌다는 말이 된다. 그래서 죽음과 고통(苦痛)이 왔다면, '따먹다'의 반대를 생각하면 생명의 근원을 다시 흐르게 할 수 있지 않을까?

'따먹다'의 반대(反對)는 '달다.' 정도가 되겠다. '생명의 근원을 따먹었으면, 생명의 근원을 다시 나무에 달면 되겠네.'라는 생각에 이를 수 있다. 다행스럽게도, 성경에는 "그 따먹어서 없어진 생명을 다시 나무(木)에 달다."라고 기록하고 있다.

예수님은 자기를 가리켜 요한복음 14장 6절에 "나는 길이요 진리(眞理)요 생명이라"고 말씀하신다. 그러나 그 생명이 따졌기 때문에 '생명이신 예수님이 친(親)히 나무에 달리지 아니하고서는 생명의 흐름이 있을 수 없다.'는 논리에 이르게 된다.

성경은 베드로 전서 2장 24절에서 "친히 나무 즉 목(木)에 달려 그 몸으로 우리 죄를 담당(擔當)하셨으니"라고 기록하고 있다. 그래서 우리는 십자가 나무(木)를 통하여 생명의 근원이 다시 흐를 수 있게 된 것이다.

목자를 파자하면 ⑴ 十 + 人 = 나무 십자가에 달린 사람.

⑵ 十 + 八 = 팔복을 이루기 위해 예수께서 십자가에 달리셨다.

나무에 대한 우리의 민속

천왕목(天王木)이란! 병화(病火)와 전란 속에서도 지금까지 살아 있는 나무라 하여 그 이름을 천왕목이라 하며 조선 세종은 이 나무에 당상직첩(堂上職牒)이라는 정3품보다 더 높은 벼슬을 하사하였고 이

나무는 나라에 변고가 있을 때에는 소리를 내어 재앙을 알리는가 하면 고종 왕이 죽을 때에는 그 나무의 큰 가지의 한쪽이 부러져 내리기도 하여 나라의 변고를 예고하는 신령한 나무라 여겨 나무를 숭배하는가 하며. 경남 의령군 유곡면에 있는 은행나무는 '여자의 젖가슴 같다'하여 출산한 여인네들이 모유가 나오지 않으면 이 나무에 와서 기도 하면 모유가 나온다 하여 신비의 나무로 여겨 마을에서는 매년 정월 10일 이면 동신제를 올려 마을의 태평과 안위를 기원하기도 한다.

그뿐만 아니라 우리 민족 고유의 전승 신앙에는 마을 입구에는 느티나무에. 마을 중앙에는 은행나무에. 마을 뒷산에는 당상나무에 매년 정월이 되면 금줄을 치고 오색포편(五色布片)을 달아 제(祭)를 올리는 풍습은 나무를 통하여 신령한 령이 있음을 증명하는 우리의 고유 민속 신앙이라 할 수 있을 것이다.

이 모든 나무신앙의 전승은 우리 조상들이 에덴동산의 선악
과에 대한 전승에서 유래되었을 것이라 짐작한다.

② 에덴동산의 사건과 한자

林(수풀 임)=【木 + 木】

두 나무를 왜 '임'자라고 음을 붙였을까?

'임'자의 사용 의미를 보면, '왔다, 오다, 올 것이다, 온다, 가다, 간다'라는 의미로 사용된다. '임신'은 '아기가 내게 왔다', '임종'은 '죽음이 내게 오다', '재림(임)(再臨)'은 '다시 온다', '임지(任地)'는 '내가 갈 곳'을 의미한다. 또한 부부지간에 남편은 아내를 임자라고 부르는 것은 내게 온 자란 뜻이다. 이러한 단어의 사용으로 미루어 볼 때, 한자(漢

字) 두 나무(林)에 음을 '임(림)'자를 붙인 의미는 '하나님께서 사람을 위하여 나무가 나게 한 것이다'. 라는 뜻이 될 것이다.

木(나무 목)= 최초로 여호와 하나님께서 동방의 에덴에 동산을 창설하시고 그 지으신 사람을 거기 두시고(창2 : 8) 여호와 하나님이 그 땅에서 보시기에 아름답고 먹기에 좋은 실과나무(木)가 나게 하시며 생명나무(木)와 선악을 알게 하는 나무(木)도 있더라. 이 두 나무는 바로(木+木= 林) 하나님께서 사람을 위하여 나게 한 것이다.

林(수풀 임)= 여호와 하나님이 그 사람에게 명하사 가라사대 동산 각종 나무의 실과는 네가 임의대로 먹되(창2 : 16) 선악을 알게 하는 나무의 실과는 먹지 말라, 먹는 날에는 정녕 죽으리라(창2 : 17)며 금(禁)하여 놓았다.

왜 금(禁)하였을까? '정녕 죽으리라'는 것은 무슨 뜻일까? 이를 알기 위해 한자는 임(林)자를 어떻게 설명하는가를 알아보자.

임(林)자의 자전에서는 총생(叢生)이라고 했는데, 우리말로는 '떨기나무 총' 또는 '모일 총'이라 부르고, 자전의 해석어로는 '관목밀생(灌木密生)'이라 하였다. 그럼 이 두 단어, 즉 '떨기나무' 또는 모일 총과 '관목밀생'을 관주해 보면 다음과 같이 풀이할 수 있다.

모일 총 또는 떨기총자의 여러 변형 글자
叢= 모일 총. 떨기 총 (古文)
叢= 모일 총, 떨기 총(현 사용글자)

※ 파자 분석

총자를 파자하면 (林, 业) + (羊) +(耳) + (又) 이것이 '모일 총' 또는 '떨기나무 총'이라 한다.

(叢)= 【林 + 耳 + 又】

고문의 총자는 경고성과 해결 성을 제시했다.

林= 수풀 임= 에덴동산에 있든 두 나무 생명나무와 선악을 알게 하는 두 나무를 표현

耳= 귀 이= 자전에서는 (柔從유종. 安也안야)이라 하여 듣고 순종하여 따른다면 편안할 것이다.

又= 또 우= 자전에서는 宥也(유야)라 하여 몇 번이고 또 용서하다이다.

(참고 : 위에 제시된 3글자(林. 耳. 又)를 각자는 주관적인 입장과 사상으로 문장을 완성해 본다면 깊은 의미가 있으리라 생각되어 비워둔다.)

(叢)= 총자는 양과 목자가 등장하는 구체적으로 죄의 해결 사항에 접근하여 요1 : 29 "세상 죄를 지고 가는 어린 양을 보라"와 요10 : 14 "나는 선한 목자라" 목자로서(业) 양(羊)을 구원하기 위한 글자라고 할 수 있다.

业= 업 업= (業의 간체자)직업의 뜻이며 구체적으로 선과 악에 관해 일하는 업이라고 할 수 있는 목자를 말한다.

羊= 양 양= 양은 그리스도와 그를 따르는 성도를 상징한다.

耳= 귀 이= 자전에서는(柔從유종. 安也안야) 이라 하여 듣고

순종하여 따르면 편안할 것이다.

又= 또 우= 자전에서는 宥也(유야)라 하여 몇 번이고 또 용서하다.
라는 뜻.

※ 떨기나무란

'떨기'의 사전적 용례는 '한줄기에서 여러 가지가 나와 더부룩하게
된 무더기의 나무나 가시덤불을 이르는 말'이다.
라고 사전에는 정리하고 있다.

떨기나무에 대한 성경적 의미= 출3 : 2~5 "여호와의 사자가 떨기
나무 불꽃 가운데서 그에게 나타나시니라. 그가 보니 떨기나무에 불
이 붙었으나 사라지지 아니하는지라 이에 가로 돼 내가 돌이켜 가서
이 큰 광경을 보리라 떨기나무가 어찌하여 타지 아니하는고 하는 동
시에 여호와께서 그가 보려고 돌이켜 오는 것을 보신지라 하나님이 떨
기나무 가운데서 그를 불러 가라사대 모세야 모세야 하시매 그가 가
로 돼 내가 여기 있나이다. 하나님이 가라사대 이리로 가까이하지 말
라 너의 선 곳은 거룩한 땅이니 네 발에서 신을 벗어라"

이 성경절을 간추려 보면, 여호와의 사자가 모세를 만나기 위해 강
림(降臨)하신 곳이 바로 떨기나무이다. 그렇다면 이번에는 총(叢)자에
담긴 두 가지 의미를 알아보기로 하자.

첫째, 자전의 의미는 총(叢)을 가리켜 '관목밀생(灌(裸木密生)'이라

생명의 비밀이 나무를 통하여 흐른다고 풀이할 수 있다. 이를 더 정확하게 풀이한다면, '물댈 관(灌)' 자와 뜻을 같이하여 동일하게 사용하여도 되는 한자가 있는데, 바로 '강신할 관(祼)' 자이다. 강신(降神)이란 하나님이 내려오신다는 뜻이다.

관(祼)자를 파자하면, 다음과 같다.

하나님 시(示) + 과실 과(果) 이 글자의 뜻은 '강신하다', 즉 '하나님의 신이 내려오다'인데, 하나님의 신이 과일 나무를 통하여 내려오신다는 뜻이 된다.

이것이 우리 조상들이 나무를 숭배하게 된 동기가 되었던 것이다.

※ 주의= '강신하다'의 뜻인 '신이 나무를 통하여 내려오다'
를 미신의 사상으로 생각해서는 안 된다. 선악과나무의 의미
는 순종과 불순종에 따라, 순종은 하나님과의 교통이 계속적
으로 영속(永續)되나 불순종은 하나님과 교통할 수 없다. 생명의
시여자(施與者)와 끊어짐을 의미하는 것이고 끊어짐은 곧 죽음이다.

둘째는 관목밀생(祼木密生)으로, 창세기 2장 16절과 17절 말씀에
나온다. "여호와 하나님이 그 사람에게 명하여 가라
사대 동산 각종 나무의 실과는 네가 임의로 먹되 선악을 알
게 하는 나무의 실과는 먹지 말라. 네가 먹는 날에는 정녕 죽으리
라 하시니라."

이러한 비밀이 있기 때문에 하나님께서는 창세기 2장 17절과 같이
명령하시면서 금(禁)하였던 것이다.

이것을 한자를 창제한 우리 조상은 '금하다'라는 글자를 두 나무 밑에 본다는 뜻을 가진 '볼 시(示·하나님 시)'를 기록하여 '금할 금(禁)'이라고 창제한 것이다.

禁(금할 금)=【林 + 示】

〈설문해자〉에서는 '禁'을 '길흉지기야(吉凶之忌也)'라고 설명한다.

직역하면, '길하고 흉한 것은 너 하기에 달렸다'란 뜻이다.

앞서 언급했듯이 성경 창세기 2장 16절 17절에는 "여호와 하나님이 그 사람(아담)에게 명하여 가라사대 동산 각종 나무의 실과는 네가 임의로 먹되 선악을 알게 하는 나무의 실과는 먹지 말라, 네가 먹는 날에는 정녕 죽으리라 하시니라."고 나온다.

그러면 다시 한 번 더 〈설문해자〉의 금(禁)자를 해석한 '길흉지기야(吉凶之忌也)'를 성경 말씀 창세기 2장 16절과 17절 말씀을 기준으로 설명한다면, '죽고 사는 것은 사람(아담) 너 하기에 달렸다.'라고 할 수 있다.

각주 : 吉 : 길할 길. 凶 : 흉할 흉. 之 : 갈 지. 忌 : 꺼릴 기. 也 : 잇기 야

어찌 이렇게 정확할 수가 있을까? 어찌 한자를 창제한 우리의

조상이 여호와 하나님을 섬긴 것이 아니라고 말할 수 있겠는가? 감탄할 따름이다. 그러하다면, 자전에서는 어떻게 설명하는가?

자전에서는 '금할 금(禁)'의 뜻을 '천자소거궁(天子所居宮)'이라 하였는데, 이 글을 풀이하면 '하나님의 아들이 거하는 곳'이라고 말할

수 있으나 궁(宮)자는 집이나 담을 의미하기도 하지만, 자전에서는 '원야(垣也)'라 하였고 원(垣)자의 뜻은 '호위자(護衛者)'이며 '보호하는 사람' 또는 '지키는 사람'이라는 의미가 포함되어 있다.

이로 보건대, 동산 중앙에 있는 나무를 금한 이유는 사람의 생명을 보호하기 위하여 금하였다고 보는 것이 합당하다.

허신의 〈설문해자〉나 자전의 뜻은 일맥상통(一脈相通)한다고 보아야 할 것이다.

각주 : 天 : 하늘 천. 子 : 아들 자. 所 : 바 소. 居 : 거할 거. 宮 : 집 궁

㑣(투미할 람) = 【亻 + 林】= 선악과나무 곁에 사람이 가다.

그러나 사람의 심리는 도전적 심리 때문인지는 몰라도, 새로운 것이나 금하는 것을 알게 되면 호기심이 발동하면서 확인하고 싶은 충동을 느끼게 된다. 그래서 금지된 곳에 가는 사람들이 있는데, 그런 사람을 가리켜 한자는 '람(㑣)'이라 즉 투미한 사람이라 한다.

이것을 파자해 보면, 하나님이 먹지 말라고 금(禁)한 동산 중앙에 있는 두 나무(林) 곁에 사람(亻)이 서 있는 글자를 '투미할 람(㑣)'이라 한다. '투미하다'는 뜻은 '미련하다, 둔하다, 어리석다.' 라는 뜻이다.

성경 잠언 15장 5절에서는 "훈계를 업신여기는 자는 미련한 자"라 했고 "그 미련한 자는 징계를 받느니라."고 했으며, 시편 14편 1절에서는 이런 "어리석은 자는 그 마음에 하나님이 없다."라고 한다니, 성경은 이런 어리석은 자를 가리켜 잠언 14장 16절에는 "어리석은 자는 방자(放恣)한 자"라고 부른다.

儌 (우러러볼 금)=【亻+ 林 + 示】= 사람이 선악과나무를 우러러보다.

우러러볼 금자라고도 하고, 또 자전에서는 이락(夷樂)'이라 하여 '오랑캐의 즐거움'이란 뜻을 지닌다. 금지한 곳의 곁에 가거나 바라보면서 즐긴다면, 이것은 오랑캐들이 하는 모습이라는 이유에서다. 오랑캐란 '야만(野蠻)적이고 미개(未開)한 종족'이라는 뜻으로, 멸시(蔑視)하여 일컫은 말이다.

그런데 '여자(하와)가 에덴동산의 중앙에 있는 두 나무 곁으로 갔다.'라고 언질을 주는 한자가 있다. 우리 조상은 한자를 창제할 때에 성경을 보고 글자를 만들었을까? 정말 신기하다.

성경 창세기 3장 6절에는 "여자가 그 나무를 본즉 먹음직도 하고 보암직도 하고 지혜롭게 할 만큼 탐스럽기도 한 나무인지라."고 기록되어 있다.

각주 : 夷 : 오랑케 이. 樂 : 즐거울 락

姝(고울 람)=【女 + 林】= 여자가 선악과나무를 보니 아름답고 고와 보이다.

한자는 이 내용을 람(姝), '고울 람'자로 설명한다. 람(姝)자의 글자 뜻은 '호미(好美)'라고 하는데, '아름답고 좋아 보이다'란 글자이다. 앞서 언급한 성경 창세기 3장 6절 말씀과 일치함을 볼 수 있다. 실로 놀라운 사실이 아닌가 싶다.

어떠하든 금한 나무를 곁에서 보았다 하여 죄가 될까? 마는 하나님께서 그러지는 않았을 것이다. 그러나 여자(하와)는 여기서 끝나지 아니하고 금(禁)한 나무 밑에까지 가게 된다.

각주 : 好 : 좋을 호. 美 : 아름다울 미

婪(탐할 람)=【林 + 女】= 여자가 선악과나무 밑에 가다.

왜 갔을까? 보니까 먹음직도 하고 보암직도 하고 탐스럽다고 하였
으니, 이제부터는 그 마음에 탐심(貪心)이 생겼을까?

탐욕이 생기니까 금(禁)지된 그 나무 밑에 바싹 다가간 것이고, 이
상황을 우리 조상은 글자를 창제하면서 '탐하다'

라는 뜻으로 '람(婪)'자를 만든 것이다. 금지된 나무 밑에 여자(하
와)가 가다.(婪)

이때를 기다리고 숨어 있던 마(魔)귀가 나타난다.

창세기 3장 1~3절에는 이와 같은 내용이 나온다. "뱀이 여자에게
물어 가로되 하나님이 참으로 너희더러 동산 모든 나무의 실과를 먹
지 말라 하시더냐. 여자가 뱀에게 말하되 동산 나무의 실과를 우리가
먹을 수 있으나 동산 중앙에 있는 나무의 실과는 하나님의 말씀에 너
희는 먹지도 말고 만지지도 말라. 하셨느니라."

하와는 대단한 순종파인가 보다. 하나님께서는 먹지 말라 하셨으
나 하와는 만지지도 말라고까지 하셨으니 말이다. 그러나 사탄은 여기
서 물러나지 않는다. 아마 마귀는 만지지도 말라는 말에 쾌재(快哉)를
불렀을 것이다. 왜냐하면, 성경에는 기록이 없지만, 우리 조상이 만든
한자에는 마귀가 금단(禁斷)의 열매를 만지고 있기 때문에. 그 글자가
바로 마(摩), 즉 '어루만질 마' 자이다. 摩(마) 자를 파자하면 두 나무에

손을 대고 있는 모습이다.

4절에는 "뱀이 금단의 과일을 어루만지면서 여자에게 이르되 너희가 결코 죽지 아니하리라. 봐라. 만지지도 말라 했다며 나는 지금 만지고 있잖아." 하면서 5절에는 "너희가 그것을 먹는 날에는 너희 눈이 밝아 하나님과 같이 되어 선악을 알 줄을 하나님이 아심이니라."라고 말하자, 호기심(好奇心)에 잔뜩 부풀어 있던 그는 더 이상 참을 수 없었을 것이다.

揪(죽을 렴)=【扌 + 林】= 선악과나무에 손을 뻗치다.

手(扌.부수자)= 손 수= 사람의 손을 말함.

林= 에덴동산에 있는 선악과를 나타내는 수풀 림.

결국 6절에는 여자(하와)가 손을 뻗쳐 그 실과를 따먹고 자기와 함께한 남편에게도 주매 그도 먹은 지라, 한자는 이 상황을 손(扌)과 금지된 두 나무(林)를 합하여 '죽을 렴(揪)'이라 하였다. 다시 말하면, 손을 내밀어 금지된 과일을 따 먹었다는 것이다.

이것이 죄인 것이다. 하나님은 인간에게 생명의 끈을 연결하여 영원(永遠)히 살게 했건만, 사람은 그 생명의 기운이 흐르는 목을 자진하여 끊었으니(따다) 이 죄의 삯은 사망인 것이다. (롬6 : 23)

여기서 무엇이 죄인가? 한자는 죄를 어떻게 말하는지 한번 살펴보자.

罪(허물 죄)=【罒 + 非】

이 글자를 파자해 보면, 먼저 '罒' '거물 망'이라고도 하고, '네 개를 가리키는 넉 사'라고도 한다. 그리고 '非'자는 '아니다,' '거짓이다.' '어기다.'라는 뜻이 있다.

이 두 글자의 뜻을 합쳐 본다면, 다음과 같이 말할 수 있을 것이다. 아닌 것이 네 가지든지, 아니면 네 가지 거짓말이든지. 네 가지를 어겼든지 이 세 가지 중 어느 것이든 그것은 죄(罪)라는 것이다.

이를 성경에서 찾아보자.

첫째는 창세기 3장 4절에서 반드시 죽으리라 했는데 마귀는 결코 죽지 아니하리라 했고, 둘째는 먹는 날에는 너희 눈이 밝아질 것이라 했고, 셋째는 하나님과 같이 될 것이라 했고, 넷째는 선악을 알 줄을 하나님이 아시고 먹지 말라 했다고 마귀는 거짓말을 한 것이다. 이것이 죄의 시작이며, 우리 조상의 한자 창제는 이것을 기준으로 죄(罪)자를 창제한 것으로 보인다.

죄에 대한 이야기가 나왔으니, 어디부터가 죄인 지 한번 짚어 보고 넘어갈까 한다. 여자가 선악과나무 밑에서 탐(3)하였을 때부터 죄일까? 아니면 선악과의 과일을 땄을(捼) 때부터 죄인가? 아니면, 창세기 2장 17절에 보면 선악을 알게 하는 나무의 실과는 먹지 말라 하셨으니, 먹는 순간부터 죄일까? 독자 여러분의 의견은 어떠한지 각자의 판단에 맡기겠다.

단, 성경 출애굽기 20장 17절에 "네 이웃의 집을 탐내지 말지니라."고 했으며, 사도 바울은 로마서 7장 7절에서 "그런즉 우리가 무슨 말 하리요 율법이 죄냐 그럴 수 없느니라. 율법으로 말미암지 않고서는 내가 죄를 알지 못하였으니 곧 율법이 탐내지 말라 하지 아니하였다면 내가 탐심을 알지 못하였으리라."고 한다.

십계명의 열 번째 계명은 탐심에 관한 것이 법임이 확인된 바이며,

사도 바울은 탐심이 죄임을 고백한 것으로 본다.

그렇다면 죄의 결과는 '사망'이라고 했는데, 성경과 한자는 어떻게 설명하는지 살펴보자.

裸(벗을 라)=【衤 + 果】= 옷과 과일나무

앞에서 언급한 것처럼 성경은 열매를 따 먹으면 죽는다 했고, 한자에서도 마찬가지로 열매를 따 먹는 것은 죽음이라고 했다.

그렇다면 그 말처럼 실제로 죽었는가? 아니다. '죽으리라'는 뜻은 현재형이라기보다는 미래형으로 보아야 할 것이다. 그래서 그들이 선악과를 따먹고 나서 죽은 것이 아니라, 그들에게 입혀졌든 의의 두루마기 옷은 벗겨지고 생명과는 더 이상 먹을 수가 없게 되므로 죽음으로의 시작이 펼쳐진 것으로 보아야 할 것이다.

이 현상을 한자는 (衤)옷 의자와 (果)과일 과자를 합하여 옷을 홀랑 벗을 라' 자라 하였다.

裸= 벌거벗을 라). 이 글자를 파자하면, '果 + 衣' 즉 과일과 옷이 합한 글인데, 성경의 이해 없이 이 글자만 보아서는 아무런 이해가 되지 않는다. 과일나무와 옷과의 연관성을 찾기 어렵기 때문이다.

그러나 성경 말씀을 보면, 창세기 3장 6절과 7절에는 다음과 같은 구절이 나온다. "여자가 그 실과를 따먹고 자기와 함께한 남편에게도 주매 그도 먹은 지라. 이에 그들의 눈이 밝아 자기들의 몸이 벗은 줄을 알고 무화가 나뭇잎을 엮어 치마를 하였더라." 성경대로 과일을 따먹었더니 나타난 현상은 옷을 벗었더라는 것이다.

다시 허신의 〈설문해자〉의 해석을 들어보자. 벌거벗을 라(裸)는 '위

적체무의야치위불통(謂赤體無衣也致爲不通)'이라.

해석하면 "옷이 없는 까닭에 벌거벗은 몸이 되었으니 하나님을 만나려고 하여도 만날 수가 없다."이다.

그래서 아담과 하와는 3장 10절에 "하나님이 찾아왔을 때 내가 벗었으므로 두려워하여 숨었나이다."라는 대답을 하였던 것이다.

각주 : 謂:이를 위. 赤:붉을 적. 體:몸 체. 無:없을 무. 衣:옷 의. 也:잇기 야. 致:이를 치. 爲:할 위. 不:아닐 불. 通:통할 통

躱(숨을 타)=【身 + 乃 + 木】

躱(타)는 '숨다, 피하다'의 뜻이 있다.

파자하면 몸(身)을 나무(木) 뒤(乃)에 숨다. 피하다

내(乃)자에 대해여 〈설문해자〉에서는 '예사난야(曳詞難也 : 끌 예, 말 사, 어려울 난, 잇기 야)'라고 설명하고 있다. 이를 직역하면 '말로써 끌어내기가 힘들다. 즉 숨었다'란 뜻이 된다. 이는 창세기 3장 10절의 말씀과 같다. "내가 동산에서 하나님의 소리를 듣고 내가 벗었으므로 두려워하여 숨었나이다."

그렇게 해도 찾아오신 하나님은 창세기 3장 21절에 "여호와 하나님이 아담과 그 아내 하와에게 다시 희망을 주시며 그들에게 가죽옷을 지어 입히시다."라고 기록하고 있다.

이와 관련하여 한자에는 어떤 글이 있는지 살펴보자.

각주 : 曳:끌 예, 詞:말 사, 難:어려울 난, 也:잇기 야

裘(가죽옷 구, 갓옷 구)= 【구할 구(求) + 옷 의(衣)】

갓옷 구(裘)자의 자전에는 '피의야(皮衣也), 부업(父業)'이라 했다.

첫 번째, 피의야(皮衣也)는 '가죽으로 만든 옷'이라는 뜻이며, 두 번째, 부업(父業)이란 '구원의 가죽옷은 대를 이어 물려줄 것'이라고 해석할 수도 있고, 또는 '아버지께서 하시는 일'이라고 해석할 수 있다. 그렇다면 여기에 해당하는 '아버지의 하시는 일'은 과연 어떤 일일까?

파자하면, '옷 의(衣)+구할 구(求)= 裘(가죽옷 구)'이다. 여기에서 아버지께서 하시는 일이란 뜻은 가죽옷과 관련이 있으며, 그 가죽옷은 예수그리스도의 희생을 상징한다고 보아야 할 것이다.

성경 주석가들은 가죽옷에 관하여 이렇게 주석(註釋)한다. "가죽옷은 동물이 죽어야 얻을 수 있다. 아담과 하와는 자기들의 수치를 가리기 위해 대신하여 죽어 가는 동물들을 보면서 무엇을 느꼈을까? 이 가죽옷은 그리스도의 십자가를 예표(豫表)한다고 보아도 좋을 것이다."

또한 가죽옷의 대물림은 아담 이후로 구원에 참여하는 모든 인류에게 대물림될 것이고, 그 예표의 하나는 제사 제도의 희생양이고, 또 하나는 스가랴 3장 1절부터 4절까지의 내용에 보이는 아버지의 일이다.

스가랴 3장 3절에는 "여호수아가 더러운 옷을 입고 천사 앞에 섰는지라."라고 나오며, 이어지는 4절에는 "여호와께서 자기 앞에 선 자들에게 명하사 그 더러운 옷을 벗기라 하시고 또 여호수아에게 이르시되 내가 네 죄 가(價)를 제하여 버렸으니 네게 아름다운 옷을 입히리라 하시기로"라고 기록되어 있다.

아버지 하나님의 하시는 일은 바로 구원의 옷을 우리에게 입혀주
시는 일이며, 이 일이 아담에게서부터 여호수아에게로, 또한 우리에게
까지 대물림된 것이 아닐까?

(참조 : 제7장 5)의 ① 가죽옷과 구원을 보라.)

각주 : 皮 : 가죽 피. 衣 : 옷 의. 也 : 잇기 야. 父 : 아비 부. 業 : 업 업

종(從), 마(魔)

從(좇을 종)= 【彳 + 从 + 疋】= 從(古字 从)

창 3 : 23~24= "여호와 하나님이 에덴동산에서 그 사람을 내어
보내어 그의 근본이 되던 토지를 갈게 하시니라 이같이 하나님이 그
사람을 쫓아내시고 에덴동산 동편에 그룹들과 두루 도는 화염검을 두
어 생명나무의 길을 지키게 하시니라"

허신의 〈설문해자〉에는 종(從)자를 설문하면서 "상청야 종이인(相
聽也 從二人)"이라 했는데, 이 글을 풀이하면 "그 두 사람(아담과 하
와)과 여호와 하나님과 서로(相) 말을 듣고(聽)(창3 : 14~19) 두 사람
이 따르다. 가다(從= 좇다, 따르다)."라고 할 수 있다.

자전에서도 "상청 수야(相聽, 隨也)"라고 했으니, 이것을 설명하면
"서로(相) 말씀을 듣고(聽) 따르다(隨)."라고 할 수 있다.

좇을 종(從)자를 파자하면, 彳두인변 또는 조금 걸을 척과 나머지
는 두 사람이 두 번 쓰여 있다.

고(古)문자에는 사람인 자가 두 개다(从= '좇을 종' 자의 본자다).

즉, '두 사람이 같이 걸어가다'란 의미이다.

아담과 하와를 꾀어 죄를 범하게 하고 에덴동산에서 쫓겨나게 한 귀신과 마귀의 정체를 한자는 어떻게 이해하고 설명하는지 알아보자.

각주 : 相 : 서로 상. 聽 : 들을 청. 隨 : 따를 수. 也 : 잇기 야. 從 : 쫓을 종

鬼(귀신 귀) = 【丿 + 田 + 儿 + 厶】

삐침 별(丿) + 밭 전(田) + 어진 사람 인(儿) + 사사로울 사(厶)

조금 더 자세히 설명하면, 삐침 별(丿)은 살아 있는 생명체(사탄을 말함)가 에덴동산(田)에 와서 어진 사람인(儿) 아담과 하와에게 (厶)사사로이 접근했던 자, 그는 하나님을 대적하다 하늘에서 쫓겨 이 땅에 내려와서 아담과 하와에게 접근하여 선악과를 따먹게 하고 이 세상에서는 나쁜 일을 자행(自行)하게 하는 존재 사탄을 가리켜 '귀신 또는 마귀'라 한다.

魔(마귀 마) = 【广 + 林 + 鬼】

창세기 2장~3장을 끝내면서, 인류의 조상인 아담과 하와에게 죄를 저지르게 하고 에덴동산에서 쫓겨나게 했던 마귀와 귀신의 정체를 알아보자.

'마귀(魔)'란 자전에는 '광귀미인(狂鬼迷人)'이라고 했다. '광귀미인'이란, '사람을 미혹한 미친 귀신'이란 뜻이다.

마귀 마(魔) 자를 파자하면 '广+林+鬼' 즉, 하늘에서 쫓겨나 나무를 덮개하고 뱀으로 변장(變裝)한 귀신이 곧 마귀다. 귀신의 왕, 그 귀신을 자전에서는 '광귀미인(狂鬼迷人)', 즉 미친 귀신이라고 하는 것이다.

창세기 2장~3장의 내용과 한자의 뜻은 결과적으로 한 문맥의 흐름으로 동일하다. 라고 보아도 되리라 본다. 누가 이것을 읽으면서 단지 우연(偶然)의 일치라고 말할 것인가?

우리의 조상은 유일신 하나님을 섬겼고, 그들은 셈의 후손이며 벨렉과 욕단의 자손임이 분명하며 우리의 조상임이 틀림없다는 것을 다시 한 번 확인한다.

각주 : 狂 : 미칠 광. 鬼 : 귀신 귀. 迷 : 미혹할 미

5) 노아 홍수와 한자

천지개벽의 홍수사건은 사실인가?

누구도 사실이라고 장담하지는 못하지만, 또한 부인 하지 못하는 것도 사실일 것이다. 그러나 세계각처에 거주하는 지역 신화나 설화에는 200개 이상의 홍수설이 있다는 것은 부인 할수 없는 사실의 가능성이 짙다고 보아도 무리는 아닐 듯하다.

가장 성경과 유사성이 깊다고 볼 수 있는 수메르나 바벨로니아의 홍수설화. 중앙아시아의 홍수 이야기. 아라랏산의 주변 마을 사람들은 뒷산에는 노아 방주가 있다는 것을 확신한다. 라고 이야기하며 우리 선조들은 대홍수의 천지개벽 전설을 그들은 어떤 방법으로라도 후손들에게 이 사실을 전하려고 하지 아니하였겠는가? 그 전수(傳授) 방법의 하나인 우리 선조들이 남긴 문화유산인 문언과 한자를 통하

여 알아본다.

첫째= 고 문언

저자가 이 시문을 접하게 된 동기는 한문 기초 공부 교재인 추구집을 읽을 때 "천경서북변 지비동남계란" 글을 읽고 평소에 생각했던 지구축이 서북쪽으로 비뚤어진 사건과 연관이 있으리라 생각 하고 추적해보았더니 B.C.120년경 한나라의 태조 유방의 손자인 유안(劉安)은 회남왕으로서 수많은 서책을 저술한바 그중에 '회남자 천문훈'이라는 대목에 다음과 같은 이 글이 실려 있었다.

본문 : "天柱折 地維絶 天傾西北邊 故日月星辰移焉 地不 (卑)
　　　　천 주 절 지 유 절 천 경 서 북 변 고 일 월 성 진 이 언 지 불 　 비
滿東南故水潦塵埃歸焉"*
만 동 남 고 수 료 진 애 귀 언

해설 : "하늘을 바치고 있든 기둥이 부러지고 땅을 달고 있던 밧줄이 끊어지니 이 때문에 하늘은 서북쪽으로 기울어지면서 해와 달과 별들이 이동되고 땅은 동남쪽으로 낮아지면서 큰비가 내려 그 물로 인하여 세속된 모든 것들이 다 죽었느니라."

어떻게 그 옛날에 지구가 서북쪽(현재 지구는 서북쪽으로 23.4°가 기울어져 있음)으로 기울어짐과 그로 인해 지구에는 대홍수가 일어났음을 알았을까?

---

* 　 天 하늘 천, 柱 : 기둥 주, 折 : 꺽을 절, 地 : 땅 지, 維 : 밧줄 유, 絶 : 끊을 절, 傾 : 기울 경, 西 : 서녘 서, 北 : 북녘 북, 邊 : 가장자리 변, 故 : 옛 고, 星 : 별 성, 辰 : 지지 진, 移 : 옮길 이, 焉 : 어찌 언, 不 : 아닐 불, 卑 : 낮을 비, 東 : 동녘 동, 南 : 남녘 남, 水 : 물 수, 潦 : 큰비 료, 塵 : 티끌 진, 埃 : 티끌 애, 歸 : 돌아갈 귀.]

※ 본문 내용은 8장에서 다시 논한다.

둘째= 한자를 통한 성경과 대비

한자의 불신을 버리고 한자의 오묘(奧妙)를 믿고 접근하였으면 하는 의도에서 믿을 신(信)자부터 접근한다.

① 믿을 신(信)

信=【亻+ 言】

'하충의빙(夏蟲疑氷)'이란 말이 있다. 여름의 곤충들은 얼음이 있음을 믿지 않는다는 뜻이다.

나는 '인세의천(人世疑天)'이라고 말하고 싶다. 사람들도 하늘나라가 있다는 것을 믿지 아니한다는 뜻이다. 사람들은 어떻게 하여야 믿을까? 대부분의 사람들은 과학적 근거나 물질적 증거, 혹은 체험적 경험이나 역사적 사실을 바탕으로만 믿으려고 한다.

각주 : 夏 : 여름 하. 蟲 : 벌레 충. 疑 : 의심 의. 氷 : 얼음 빙. 世 : 인간 세.
天 : 하늘 천

그런데 성경에는 믿기 어려운 많은 사건들이 기록되어 있다. 그중의 하나가 성경 창세기 6장부터 기록된 노아 홍수 사건이다. 물론 기독교인이야 성경을 믿음의 기초로 삼고 있으니 인정하지만, 비기독교인이 이 같은 사건을 믿는다는 것이 쉽지 않으리라 본다. 기독교인 중에서도 세계적 홍수 사건과 부분적 홍수 사건으로 나누어지는 것 또

한 사실이다.

그러면 이 책에서 다루고 있는 논지로서 고대(古代) 우리의 조상들은 홍수사건을 어떻게 생각하였으며, 어떻게 이 사건을 글자로써 표현하였는가를 살펴보기로 한다.

먼저 두 글자를 소개한다. '믿을 신(信)' 자와 '믿을 단(亶)' 자이다.

믿을 신(信)자는 회의(會意)문자로, 상형이나 지사의 원리에 의하여 만들어진 기성 문자의 뜻을 둘 이상을 합한 문자이다. 신(信)자는 사람(亻= 사람 인)과 말씀(言= 말씀 언)이란 뜻을 합하여 "믿어라."라고 이해를 한다면, 사람의 말을 믿으라는 말인가? 이에 대해 "예."라고 대답하고 믿고 싶지만, 세상은 그렇게 아름다운 세상이 아니지 않은가.

그러므로 이 믿을 신(信)자를 성경으로 대비하여 해석하는 것이 현명하리라 본다. 성경 요한복음 1장 14절에는 "말씀이 육신(사람)이 되어 우리 가운데 거하시매 우리가 그 영광을 보니 아버지의 독생자의 영광이요 은혜와 진리가 충만하더라."라고 기록되어 있는 것을 볼 수 있다.

이것을 다시 말하면, 은혜와 진리가 충만한 하나님의 독생자가 우리와 함께 있도록 왔는데, '그는 말씀으로 사람이 되어 우리 곁으로 왔다.'라고 직역할 수 있다면, 우리는 '믿을 신(信)자는 바로 하나님의 독생자 예수 그리스도를 믿어라.'는 것이라고 볼 수 있다. 이것이 믿을 신(信)의 정확한 풀이라 할 수 있을 것이다.

그럼 다음으로는 '믿을 단(亶)' 자를 살펴보자. 믿을 단(亶)자는 회의 문자다. 회의 문자란 "한자의 창제 원리인 상형이나 지사의 원리에 의하여 만들어진 둘 이상의 기성 한자를 각 글자가 가지고 있는 뜻과 형상을 합하여 조직(組織)한 글자를 말한다." 그래서 회의 문자의 이해는 파자 풀이를 하면 글자 창제의 뜻을 충분히 이해할 수가 있다.

단(亶)자도 신(信)자와 같이 딱 맞아떨어지는 성경절이 있으면 하는데, 아쉽게도 없으니 파자를 통해 이해(理解)해 보자.

② 믿을 단(亶)

亶=【亠 + 口 + 口 + 日 + 一】

亠= 단(亶)자를 파자하면, 먼저 두(亠)자는 '의궐(義闕)'이라 하여 '의로운 대궐' 즉, 하늘과 하늘 궁을 칭한다.

口= 두 번째에 있는 사각은 '나라 국 또는 에운 담(口)'이라 하여 넓은 둘레를 빙 둘러 싸다는 뜻이며, 단(亶)자의 파자 에서는 방주를 뜻한다. 방주란 모방(方)자와 배주 (舟) 즉 모가 난 배를 말한다. 지금 우리가 알고 있는 배의 모양과는 다르다.

口= 세 번째 입 구(口)는 음식을 먹고 말하는 입을 가리키 기도 하지만, '인구(人口) 구'라 하여 단체나 또는 가족인 사람을 뜻하기도 하며, 같이 밥 먹는 한 집안의 식구(食 口)사람을 가리키는 '식구(食口)'로도 쓰인다. 따라서 단(亶)자의 파자에서는 '한집안 식구'로 쓰인다. 그 식구란 노아의 여덟 식구를 말한다고 보면 될 것이다.

日= 네 번째, 날 일(日)자는 날을 뜻한다.

一= 마지막으로, 한일(一)자는 하나만 있을 때에는 지구가   창조되기 전인 창세기 1장 2절의 "하나님의 신은 수면에 운행하시니라"를 상형한 것이고, 두 이(二)자는 천지(天地), 즉 하늘과 땅을 의미하기 때문에 믿을 단(亶)자에서의 밑에 일자는 땅을 가리키는 것으로 보아야 한다.

상기 글자를 정리하면, '(亠 + 口 + 口 + 日 + 一= 亶)'자가 된다. 풀이하면 다음과 같다. "하늘(亠)과 땅(一) 사이에 방주(口)를 지어 한 가족의 식구(口)들이 방주에 있었던 날(日)이 있었다."

이것을 우리는 '노아 홍수 사건'이라 부르고, 우리 조상은 한자 '믿을 단(亶)' 자를 지어 노아 홍수 사건이 분명한 사실임을 믿으라는 뜻에서 우리의 조상은 한자를 창제하였다고 본다.

그럼 정말 이 단(亶)자가 노아 홍수 사건을 말하는 것이므로 그렇게 이해해도 되는지, 즉 한자 '단(亶)'을 홍수 사건과 연결해도 되며 홍수 사건을 증명(證明)할 수 있는지, 또 다른 한자를 통해 살펴보기로 한다.

다음 한자들은 믿을 단(亶)자에 다른 부수와 합하여 홍수의 사건과 연관된 글자들이다.

③ 박달나무 단(檀)

檀=【木 + 亶】

첫째로, 박달나무 단(檀)자를 살펴보겠다.

(檀)이 한자는 믿을 단(亶)자에 나무목(木) 자가 합해져 만들어졌는데, 노아 홍수 사건의 주 포인트는 나무로 배를 만드는 것이 아닐까? 단(檀)자의 자전(옥편)에서는 세 단어로 해석하고 있다.

첫째= 香木旃(향목전) 나무의 몸은 굽고 향기가 나는 나무는 향나무이니 '향나무 단'이라 한다,

둘째= 强靭木中車輻(강인목중거복) 나무 중에 가장 질기고 강한 나무로서 수레바퀴 살을 만드는 나무다. 라고 한다면 대한민국에서 가장 적합한 나무는 박달나무일 것이고 또 한 실제로 박달나무로 수레바퀴를 만들어 사용하였다. 따라서 '박달나무 단' 자라고 한다'

셋째= 奚有樹(해유수) 자전(옥편)에 본문만 있고 해설은 없다. 왜 해석이 없을까?

답은 해석자들이 해석할 수 없었으므로 한문 풀이 규정인 궐의(闕疑) 즉 '의심스러우면 풀이하지 말고 그 자리에 두어라'는 법칙을 따랐던 것이다. (참조 : 제2장 2)의 ③)

이 해유수(奚有樹)는 성경 창세기의 노아홍수 사건을 이해하지 못하면 풀이할 수 없기 때문에 토를 달지 아니하였다. 라고 보인다.

해유수(奚有樹)란 '큰 배 해(奚), 있을 유(有), 나무 수(樹)'로 이루어져 있다. 이것을 직역(直譯)하면 '나무를 가지고 큰 배를 만들어 있게 하였다'가 된다. 그렇다면 한자가 형성되기 전에 나무를 가지고 큰 배를 만든 사람은 누구인가? 바로 성경에서 볼 수 있는 노아가 아니겠는가?

창세기 6장 14절에는 하나님께서 노아에게 이르시기를 "너는 잣나무로 너를 위하여 방주를 지어라."고 명하셨다. 이 성경 말씀과 단(檀) 자의 뜻은 같다고 보아야 할 것이다. 여기 이 한자는 뒤에서 다시 설명하게 될 것이다.

④ 멀 단(澶)

澶=【氵 + 亶】

다음으로 살펴볼 '단' 자는 '멀 단(澶)'이다. 이 한자는 믿을 단(亶)
자에 물 수(氵) 자를 합하여 '홍수'를 말한다.

자전(옥편)의 본뜻은 '만원(漫遠)'이다. 만원은 '물 넘칠 만(漫)'자에
'멀원(遠)' 자가 합하여 만든 단어이다. 물이 넘쳐흐름이 아주 멀리까지
라는 뜻인데, 멀 원자의 '멀다'라는 한계를 어떻게 보는가에 관심을 가
져야 하리라 본다. 서두(書頭)에서 언급했다시피 기독교 안에서도 일부
이지만 세계적 홍수가 아니라 국지적 사건이라 말하고 있기 때문이다.

창세기 7장 19절에는 "물이 땅에 더욱 창일하매 천하(天下)에 높
은 산이 다 덮였더라."라는 구절이 나온다. 따라서 멀단(澶)자와 창세
기 7장 19절은 그 뜻을 같이한다고 볼 수 있다. (참조 : 한국창조 과학회)

⑤ 찬찬할 단, 고요할 천(儃)

儃=【亻 + 亶】

다음으로 알아볼 단(儃)은 찬찬할 단으로 또는 '고요할 천'으로 더
많이 사용되는 한자이다.

찬찬할 단, 고요할 천(亻+亶)자는 믿을 단(亶)자에 사람 인(亻)자를

합하여 만들어진 단어이다. 홍수 때에 방주에 탄 노아의 8명 식구들과 함께 타고 있는 생물들은 세상이 뒤집히는 폭풍 가운데서 과연 안전할까?

자전의 본뜻은 '선서문모(先舒聞貌)'다. 선서문모는 두 가지 뜻으로 풀이할 수 있는데 첫째로 직역하면, 우두머리 선 또는 먼저 선(先), 펼 서(舒) 들을 문(聞), 모양 모(貌= 행동하다), 펼 서(舒= 전하다. 안전하다), 즉 하나님의 말씀을 듣고 순종하여 그 기별을 전한 자는 안전하다는 뜻이 된다.

두 번째는 과연 안전하였을까?

성경은 기록하기를 "지면의 모든 생물을 쓸어버리시니 곧 사람과 짐승과 기는 것과 공중의 새 까지라 이들은 땅에서 쓸어버림을 당하였으되 홀로 노아와 그와 함께 방주에 있던 자만 남았더라. (창7 : 23)"고 기록되어 있다.

이제 홍수의 사건을 연상해 본다. 노아 600세 2월 17일 그날에 큰 깊음의 샘들이 터지고 하늘의 창들이 열려(창7 : 11) 40주야로 비가 땅에 쏟아지고(창7 : 12) 물이 땅에 더욱 창일하매 천하에 높은 산이 다 덮였더라. (창7 : 19) 땅 위에 움직이는 생물이 다 죽었으니 곧 새와 육축과 들짐승과 땅에 기는 모든 것과 모든 사람이라. 그러나 노아와 그와 함께 방주에 있던 자만 남았더라. (창7 : 21~23)

어떻게 이런 와중(渦中)에 살아남았을까? 성경은 말한다. 창세기 8장 1절에 다음과 같은 글귀가 있다. "하나님이 노아와 그와 함께 방주에 있는 모든 들짐승과 육축을 권념(眷念)하사." 다시 말한다면 '돌보아 지켜 주셨다.'라고 한다.

찬찬할 단, 고요할 천(亶)자는 우연에 의해 만들어진 한자가 아니고, 홍수 때 하나님께서 사람이 탄 방주를 보호(保護)하셨다는 뜻으로 창제되었다는 것을 다시 한 번 확인할 수 있다.

각주 : 先 : 먼저 선. 舒 : 펼 서. 聞 : 늘을 분. 貌 : 모양 모

⑥ 제터 단(壇)

壇 = 【土 + 亶】

이번에 살펴볼 단은 '제터 단(壇)' 자이다. 단자를 파자하면 '土 + 亶 = 방주에서 나와 흙으로 제단을 쌓다'라는 뜻이다.

"노아와 그의 식구가 방주에 들어간 지 377일 만에 하나님이 노아에게 말씀하여 가라사대 너는 네 아내와 네 아들들과 네 자부로 더불어 방주에서 나오고(창8 : 14.15)."

377일 만에 땅에 내린 노아는 제일 먼저 무엇을 했을까? 창세기 8장 20절에는 "노아가 여호와를 위하여 흙으로 단(壇)을 쌓고 번제를 드렸더라."고 기록하고 있다.

홍수 이전에도 하나님께 제사 드리는 제단은 있었지만 글자를 창제하면서는 홍수의 사건과 연관 지어 만든 것이라 보인다.

⑦ 천제 지낼 선(禪)

禪 = 【示 + 亶】(示자의 부수가 결구(結構)로 쓰일 때는 礻자로쓴다)

다음으로 알아볼 한자는 '천제 지낼 선(禪)' 자이다.

먼저 부수인 볼 시(示)자는 '보다'는 뜻과 '보이다'의 뜻이 있다. 자

전(옥편) 본문에는 '시통신(視通神)'이라 하여 '하나님께 보이다'라는 뜻으로 사용되고 있다. 따라서 선(禮)자나 神(신)자와 같이 하나님께 속할 때는 '보다'라고 할 것이고, 제사(祭祀)나 祈禱(기도)와 같이 사람이 하나님께 나아갈 때는 '보이다'라고 해석해야 한다.

노아가 방주에서 나와 제일 먼저 한 일은 단연코 제단을 쌓아서 하나님께 천제(天祭)를 올린 것이다. 이것이 '천제 지낼 선' 자이며, 그 제사의 내력을 성경을 통하여 알아보자.

성경 용례(用例)를 보면, 창세기 4장 3절에는 아담의 아들들 가인과 아벨이 하나님께 제사 드리는 장면이 나온다. 이 제사의 근본은 아담과 하와가 에덴동산에서 범죄 한 후 하나님이 찾아오셔서 범죄로 인하여 벌거벗고 있는 아담과 하와에게 가죽옷을 지어 입히시는 것에서부터 시작되었다고 본다. 성경 주석가들은 하나같이 창세기 4장 3절을 주석하면서, 가인과 아벨이 드린 제사 제도는 에덴동산에서의 마지막이던 아담과 하와에게 가죽옷을 지어 입히시던 것이 희생 제사 제도를 소개한 것이다. 라고 주석 했다.

⑧ 술맛쓸 전(醴)

醴 = 【酉 + 豈】

다음은 '술맛 쓸 전(醴)'자이다.

'酉'은 '닭유' 자이나 이처럼 부수일 때에는 '술'을 뜻하며 술을 뜻하는 한자에는 모두가 "酉"자 가 삽입된다.

"노아는 방주에서 나와 제단을 쌓고 하나님께 제사를 드리매 하나님께서 말씀하시기를 너희는 생육하고 번성하여 땅에 편만하여 그중에서 번성하라(창9 : 7)."는 명령으로 일상생활을 시작하게 되었다.

그리고 창세기 9장 20절에는 "포도나무를 심고 수확하여 포도주를 마시고 취하여 그 장막에서 벌거벗은 지라."라고 언급되어 있다.

이 장면을 목격한 아들에게 저주를 내려야만 했던 그 아비의 심정은 편하였을까? 단 세 명뿐인 아들인데 말이다. 우리의 속담에는 '열 손가락 깨물어 안 아픈 손가락 없다'고 했는데 노아인들 어찌 마음이 아프지 않으랴. 그 술맛은 정말 평생을 두고 쓴맛으로 남아 있으리라 본다.

우리의 조상은 한자를 창제하면서 창세기 6장부터 나오는 홍수사건을 염두에 두고 그 사건을 표현한 것이다.

이것은 후세들에게 알리기 위하여 만들었지만, 많은 사람들이 지금까지 이 사실을 깨닫지 못하고 있음이 심히 안타까울 뿐이다.

지금은 많이 훼손(毁損)된 글도 있지만, 그나마 한 글자 한 글자 찾아가면서 하나님의 섭리(攝理)와 우리 조상들의 지혜(智慧)를 깨닫기를…….

그리하여 우리의 믿음에 디딤돌로 만들어 갔으면 하는 바람이다.

6) 한자와 제사

① 제사 제도

그렇다면 이번에는 제사의 방식(方式)을 한자를 통하여 살펴보자. 가인과 아벨의 제사 방식을 보면, 분명 한 사람의 제사에서는 하나님이 가르쳐 주신 방법과는 다른 점이 있다. 창세기 4장 3절~6절에는 가인은 제물을 선택하면서 자기가 수고하여 얻은 소산물을 선택하였고, 아벨은 제물을 선택하면서 부모로부터 보고 들은 대로 양의 첫 새끼와 기름을 선택하였다.

가인의 제사 제물에 대한 성경 주석(註釋)은 다음과 같이 설명한다. "가인은 자신의 행위 때문에 그 자신을 정당화하기 위해, 곧 자신의 공로로 말미암아 구원을 얻으려고 시도하였다. 자신은 구주가 필요한 죄인임을 인정하기를 거부함으로써 그는 죄에 대해 아무런 회개도 표현되지 않은 선물, 곧 피가 없는 제물(祭物)을 드렸다."

제사와 제물의 목적이 죄의 해결을 위한 수단이라고 생각하였더라면, 그의 아버지 아담으로부터 배운 방식인 짐승으로 제사를 드렸을 것이다. "피 흘림이 없은즉 사함이 없느니라(히9 : 22)."

아담은 다시 세 번째 아들을 얻어 제사 교육(敎育)에 실패한 경험으로 철저히 가르쳤을 것이다. 그리하여 그의 제사법은 1600년이 지난 노아 때에도 짐승을 잡아 제사를 드린 것이다. 이 제사를 성경은 다음과 같이 기록하고 있다.

"노아가 여호와를 위하여 단(壇)을 쌓고 모든 정결한 짐승 중에서와 모든 정결한 새 중에서 취하여 번제로 단에 드렸더라.(창 8 : 20)"

우리 선조께서 창제한 한자에서 보면, 우리가 드려야 할 제사의 제물을 분명하게 제시하고 있다. 여기에서 '祭祀(제사)'의 한자를 파자하면 다음과 같다.

祭(제사 제)=【月 + 又 + 示】

月(肉)= 고기 육 (참조 : 달 월 자이나 고기 육자로도 쓰임. 자전 부수 참고) 又= 손 우. (자전에는 손으로 용서를 빈다는 뜻으로 宥也= 용서할 유).

示= 보일 시. (자전에는 呈也= 드릴정. 더리다. 내보이다)

즉, '손에 고기를 들고 나아가서 제물로 삼아 더러 내보여라. 그러면 용서하리라'는 것이다. 여기 고기에 대한 자세한 언급은 없지만, 한자의 내용을 살펴보면 죄 사함이나 용서나 의로워진다는 글자에는 분명 '양 양' 자가 등장함을 많이 본다.

성경은 더욱 분명 하다. 요한복음 1장 29절에는 "요한이 예수께서 자기에게 나아오심을 보고 가로되 보라 세상 죄를 지고 가는 하나님의 어린 양이로다." 히브리 7장 27절에는 "백성의 죄를 위하여 날마다 제사 드리는 것과 같이할 필요가 없으니 이는 저가 단번에 자기를 드려 이루셨음이니라."

성경과 한자는 일맥상통하다.

祀(제사 사)=【示 + 己】

示(보일 시) + 己(몸 기)

사(祀)자는 자기 몸을 더러 내보이라'는 뜻이다. 祭(제)자와 祀(사)자를 합하여 풀이한다면, 짐승과 자기 몸으로 제물을 삼아 제사를 드리라는 뜻이 된다.

성경 로마서 12장 1절에는 "너희 몸을 하나님이 기뻐하시는 거룩한 산제사로 드리라. 이는 너희 드릴 영적예배(禮拜)니라."

고 말하고 있다. 그리고 이것이 제사임을 한자는 말하고 있다.

이후 성경의 기록에는 나타나지 않지만, 셋에게로 또 노아에게까지 이렇게 전수되었고, 이것을 알고 있는 노아는 방주에서 나온 후에 제일 먼저 한 일이 제단을 쌓아 정결(淨潔)한 짐승을 취(取)하여 번제(燔祭)를 드린 것이다(창8 : 20). 이 제사에 함께 동참한 셈, 함, 야벳도 제단을 쌓을 때와 번제물을 준비할 때에도 그들은 함께 동참(同參)하여 제사 제도를 배웠을 것이며, 그들이 독립할 때에는 또 그의 후손들에게 전수(傳授)하지 아니하였을 것이라고 누가 감히 답할 수 있겠는가?

이 제도는 노아의 후손인 에벨의 두 아들 벨렉과 욕단에게도 전수되었을 것이고, 하나님의 계획에 따라 세상이 나누어질 때(창10 : 25) 장자인 벨렉은 자기의 조상들인 노아, 셈, 아르박삿, 셀라와 아버지인 에벨과 함께 같은 지역에서 거주하면서 하나님을 섬기는 제사가 이어졌을 것이다. 그리고 이 제도를 아브라함이 이어받아서 창세기 12장 7절에 "여호와를 위하여 단을 쌓았다."라고 기록하고 있다.

한편, 욕단도 형제가 헤어지고 나서 자기들의 가는 곳에 정착하여 6대조의 할아버지와 함께 살면서 보고 듣고 익혔던 제도를 그들이 거주(居住)하는 곳에서 실행하지 아니하였겠는가?

이것이 곧 동양의 제단이고, 제사 제도가 전수(傳授)되었다고 보아야 할 증거이다.

② 동양의 제사

중국의 국경 제사 제도와 봉선제의 시작 연대는 정확한 사료가 없어서 알 수 없지만, 대략 기원전 2205년쯤으로 중국의 첫 왕조가 들어서기 전인 것으로 보고 있다.

일 년에 두 번, 하지와 동지를 기해 최고의 통치자가 주관하였으며, '천제(天祭)' 또는 '국경 제사'라고 하였다. 이 제사는 그의 4000년의 역사를 이어 왔으나 1911년경 청나라의 왕군 통치가 종식되면서 이 제사 제도도 사라진 것으로 역사가들은 말하고 있다. 다음은 국경 제사의 제문 일부를 소개한 것이다.

"역사하시는 조물주시여, 당신을 경배하옵니다. 당신께서 거하시는 궁창은 어찌 그리 고상하온지요. 당신을 경배하여 이 제사를 드리옵니다. 미미하오나 내가 궁중의 일을 행하며 모든 규례와 율례를 지켜 행하겠사옵니다. 이 낮은 땅에서 당신이 거하시는 천국을 향해 우러러보옵나니 이 제단으로 임하시옵소서. 오 주여, 이 제물을 받으시옵고 우리로 당신의 영원하신 선하심을 경배하게 하옵소서."

국경 제사의 제문과 솔로몬이 성전을 건축하여 봉헌하는 제사 기도의 내용이 유사하지 않은가? 솔로몬의 기도 (왕상8 : 27-30) 성경과 대비해 보기 바란다.

③ 한국의 천제(天祭)

우리나라의 천제(하늘에 제사 지내는 것)를 살펴보면, 단연 일연의 삼국유사에 나오는 단군 사상을 볼 것이다. 지금 단군 사상을 신화로 볼 것인가, 아니면 설화로 볼 것인가, 아니면 실화로 볼 것인가에 대한 논쟁이 많이 일어나고 있다(여기에 대해서는 다음 장에 논제하기로 하겠다). 하지만 아직까지도 단군을 신봉하는 제사는 행하여지고 있다.

단군 사상과 함께 따라온 제사 제도는 국제(國制)로써 매년 10월 3일이면 개천절의 기념행사를 하고, 단군 신봉자들은 우리나라의 제천단(祭天壇)을 찾아 제를 올린다. 우리나라의 제천단은 강화도 참성단, 태백산 천황단과 지리산 노고단이 대표적이며, 이외에도 여러 지역에도 제천단이 있다.

이런 제천은 홍수 후 방주에서 나온 노아는 가장 먼저 행한 일이 제단을 쌓고 천제를 올린 것으로, 글자로 표현된 것이 '천제 올릴 선(禮)' 자이다.

한자를 창제한 우리의 조상(동이족)은 분명 하나님을 섬긴 조상(동이족)임이 분명함을 다시 한 번 확인하는 바이다.

④ 조상 제사

이왕 제사에 관한 이야기가 나왔으니, 우리나라의 조상에 관한 제사에 대하여 역사적으로 살펴보자.

우리나라에 기독교가 들어오면서 포교에 힘들었던 것이 무엇이냐고 묻는다면, 당연히 "전통과 풍습이 너무 이질적이다."라고 말할 것이다. 본 저자는 전통과 풍습이라는 조상의 제사만 되면 홍역을 치러야 했고, "너는 조상 없는 놈이니 이 집에서 나가라!"는 호령이 내리기도 하였으나 기독교의 입장에서 그들에게 이해할 수 있는 증거를 제시하지 못하고 당하여야만 하였다.

제사의 시원(始原)은 에덴 이후에 아담은 에덴 밖에서 자기들의 죄 때문에 죽어야 할 어린양의 참혹한 죽음을 바라보며 죄의 결과에 대한 경각심을 더하기 위하여 행하여진 것이다. 이후 가인과 아벨의 제사에서 두 갈래로 갈라진 것이 하나는 노아로, 아브라함으로 이어 모세로 말미암아 명문화(明文化)되고 체계화(體系化)된 제사 제도가 되었고, 한편으로는 에덴동산에서 선악과를 따먹어도 죽지 않고 눈이 밝아진다고 거짓말을 한 것이 탄로가 날까 봐 '죽지 않는다는 것은 육체는 죽어도 혼은 죽지 않는다'는 또 다른 거짓말을 만들어 '영혼 불멸설'이 생기게 되었다. 그리고 이제는 양으로 제사하는 것이 아니라 너희 조상 가인과 같이 제사하며 사람은 죽었지만 살아 있는 영혼을 위하여 제사 드리라고 한 것이 아닌가.

이제부터는 우리 민족이 조상에게 드린다고 하는 제사 제도가 언제 어떻게 하여 이루어져 오늘에까지 왔는지 알아보도록 하자.

'오늘날의 제사는 유교 불교와 도교의 사상으로 이루어진 성리학으로부터'라고 할 것이니, 유교 사상의 원천인 공자의 신념(信念)부터 살펴보자. 공자의 글인 〈논어〉에는 이런 글이 있다. "자불어괴역난신(子不語怪力亂神)", 공자는 말하기를 "괴변이나 폭력 또는 반란이나 신에 대하여서는 말하지 아니하는 것이 좋으니라."고 한다. 그래도 제자들이 귀신에 관하여 묻는 대답에서는 "경이원지(敬而遠之)라, 공경은 하더라도 멀리하여라."고 한다.

또 제자들이 그러면 제사에 관하여 묻자, 공자께서는 "추원시원(追遠始原)"이라 하였다. '始原'이란 단어를 사용한 공자는 국경제와 봉선제가 어떠한 제사인지를 보여 주는 명백한 증거이며, 따라서 제사란 인류의 시조(始祖)가 아닌 시원(始原)이신 하나님께 제사하라는 뜻으로 보아야 할 것이며, 이것이 공자의 신관(神觀)과 제사관(祭祀觀)이라고 봐야 할 것이다.

한편, 공자의 영향을 받은 주희(1130~1200)는 선조들이 일구어 놓은 도학(道學)·이학(理學)·성명학(性命學) 등을 모아 집대성하여 철학의 논리로 만들었는데, 이를 '성리학'이라고 한다. 이 성리학의 주관자가 주희이며, 다른 말로는 '주자학'이라고도 부른다.

이 주자학에는 가정에서 지켜야 할 주자가례가 있는데, 여기에 관·혼·상·제가 기록되어 있다. 이것이 고려 말경에 고려로 유입되었으나, 고려의 국교가 불교였으므로 받아들여지지 않고 유명무실하던 중, 고려에서 조선 왕조로 넘어오면서 성리학이 빛을 보게 된다.

조선 왕조의 이성계와 정도전은 새로운 개국 정책으로 많은 정책을 펼쳤지만 여기서는 필요한 정책만 몇 가지 나열해 보겠다. 천도정책과 숭유억불 정책과 가례제도이다.

먼저 숭유억불 정책부터 알아보자. '숭유억불'이란 불교를 억압하고 유교를 숭상하자는 정책이다. 이런 정책을 수립한 이유는 불교의 성함에서 오는 수많은 폐단도 있지만, 백성의 관점에서 불교에 대한 불만도 없지 않았으며 불교는 효 사상이 희박함에, 새로운 조선 왕조는 인간중심의 효 사상과 백성 존중이 우선시되어야 함을 목적으로 삼고 수립한 것이다.

천도 정책은 새로운 나라에 새로운 도읍을 누가 뭐라 하겠는가마는 이 글에서는 천도에 관한 것이 아니므로 정치적 배경은 배제하기로 한다.

첫째로는 천도의 설계에는 유교의 뿌리를 완전히 정착시킨다. 유교의 오덕은 인(仁)·의(義)·예(禮)·지(智)·신(信)인데, 서울의 4대문에 유교의 오덕을 새겨 넣게 된다.

동쪽의 동대문은 흥인(仁)문

서쪽의 서대문은 돈의(義)문

남쪽의 남대문은 숭례(禮)문

북쪽의 북대문은 흥지(智)문

성안의 중앙에는 보신(信)각

신(神)자는 서울 성 안 중앙에다 종각을 짓고 그 이름을 '보신각'이라 하였다. 보신각(普信閣)은 나라의 믿음을 백성들에게 널리 알리기 위하여 누각을 세워 종을 달아 행사나 시각을 알리는 역할을 했다.

둘째로는 효 사상의 근간이 될 가례제도를 제정하여 백성에게 알리게 되는데, 이 가례제도가 관혼상제(冠婚喪祭)이다. 이 지면에서는 제사에 관한 것을 논하는 것이니, 제례에 대하여 설명하겠다.

공자의 제사에 대한 사상은 '추원시원(追遠始原)'이라 하여 시원(始原)을 추모(追慕)하라는 뜻이다. 다시 말하면 인류가 시작된 근본을 추억하자는 것이 공자의 가르침이었는데, 성리학에서의 가례제도는 예에 따라 조상(祖上), 즉 시원(始原)이 아닌 시조(始祖)인 조상에게 공손히 예를 드리라는 것으로 본다.

지금 비 기독교인들의 제사 제물을 보면 앞에서 언급한 한자 제사 제(祭) 자에 따른 제물이 아니며 창세기 4장 3절에 기록된 가인의 제물인 땅의 소산물이며 지금도 조상제사에는 꼭 준비하여야 할 제물

을 강조하는 것은, 조(棗)·율(栗)·이(梨)·시(枾)의 4실과다. 본래는 3
실과로 조(棗)·율(栗)·시(枾)로 했었는데, 제물의 용어를 4성으로 맞
추다 보니 변동이 있지 않았나 하는 사심도 든다.

　4실과의 의미를 살펴보자. 먼저 대추는 씨가 하나이니 나라도 하
나요 임금님도 하나니 나라와 임금을 위해서이며 열매가 실과나무 중
에 제일 많이 달리니 이 나라 백성들이 많이 번성하라'는 의미이고, 밤
은 알이 3개이니 나라를 다스리는 3정승 좌·우·영의정을 위하여서이
고 배는 씨가 6개니 육판서를 위함이고 감은 씨가 8개이니 조선 8도
를 위하여 차려서, 임금과 나라와 백성을 위한다는 명분이 된 것이다.

　그러나 상기의 내용을 읽으면서 가인과 아벨의 제사가 머리에 떠
오르지는 않았는지 궁금하다. 양의 제물과 농사의 제물에 대해서 말
이다.

　그렇다면 제배(祭拜)는 어떠한가?

　가례제도의 절은 한 방향 북향제배이다. 그 의미는 임금님은 높은
곳인 북쪽에 계신다는 뜻이라고 한다. 그러나 기독교인이 듣기에는 개
운치 못하다. 조상에게 제사한다고 하면서 임금에게 특히 북쪽과 높
은 곳이라니 성경 에스겔 8장이 생각난다.
"이상 중에 이끌려 예루살렘 안뜰에 들어가 북쪽으로 향한 문에 이
르시니 거기는 투기의 우상 곧 투기를 격발케 하는 우상의 자리가 있
는 곳이라(겔8 : 3). 그가 내게 이르시되 인자야 이제 너는 눈을 들어
북편을 바라보라 하시기로 내가 눈을 들어 북편을 바라보니 제단 문
어귀 북편에 그 투기의 우상이 있더라." (참조 : 에스겔 8장) 이사야 14장
12절부터의 말씀에는 "너 아침의 아들 계명성이여 어찌 그리 하늘에

서 떨어졌으며, 너 열국을 엎은 자여 어찌 거리 땅에 찍혔는고. 네가 네 마음에 이르기를, 내가 하늘에 올라 하나님의 뭇별 위에 나의 보좌를 높이리라. 내가 북극 집회의 산 위에 좌정하리라. 가장 높은 구름 위에 올라 지극히 높은 자와 비기리라. 하도다." 상기와 같이 적혀 있다. 여기에서 북쪽과 높은 보좌는 사탄의 표본이다.

하나님은 우리에게 명하신다. 출애굽기 20장 4~5절에 "너를 위하여 새긴 우상을 만들지 말고 또 위로 하늘에 있는 것이나 아래로 땅에 있는 것이나 땅 아래 물속에 있는 것의 아무 형상이든지 만들지 말며 그것들에게 절하지 말며 그것들을 섬기지 말라."고 하셨다.

⑤ 기독교인의 제사(추모)

성경에도 제사라는 용어는 있는 게 사실이다. 그러나 그 제사의 용어는 하나님께 제사 드리는 용어이지, 죽은 조상을 위하여 섬기는 제사의 용어는 아님을 이해할 것이라 믿는다. 성경의 그 어디에도 죽은 자를 위하여 제사하라는 의미의 기록은 없다.

기독교가 우리나라에 도입될 당시, 우리 민족의 사상은 위에서 기록한 바대로 조선 왕조의 개국 정책의 하나로 유입된 유교 사상이었다. 이와 함께 믹서 된 주자 성리학의 가례제도는 온 백성들의 호응(呼應)으로 500년의 역사에 다져진 제사와 효 사상에 기독교가 유입되면서 선교의 가장 큰 걸림돌이 제사 제도였다. 여기에 궁여지책(窮餘之策)으로 마련된 대책이 추모라는 용어를 인용하여 가례제도의 제사가 아닌 예배에 준한 형식인 추모제(追慕祭)로 대처하게 된 것으로 본다. 그뿐만 아니라 〈한국민족 문화 대 백과〉에는 〈천주실의(1607년 발행. 이탈리아 천주교 선교사. 마태오리치)〉라는 책에는 "례공제조 (禮孔祭祖)"라는 말이 있다. 선교사 마태오 리치는 중국에 선교를 위해서는 그들의 문화와 풍습을 수용할 수 있는 범위에서 수용하자는 의도에서 공자를 숭배하고 조상에게 제사를 드리자는 뜻이다. 이후 그들은 수많은 논쟁을 거듭했으며 드디어 1939년 12월 8일 교황청 교지에는 "조상 숭배의 제사는 우상숭배가 아닌 조상에게 효성을 표시하는 민간의식이며 민족의 훌륭한 정신적 유산이므로 교회가 수용하여야 하고 토착화하여야 한다. (2004. 8. 18. 인터넷 글) 라고 발표하였다. 그들은 이 글을 따를 것이다.

이뿐이겠는가? 지금 기독교 안에서도 예배가 아닌 행위의 제사인 엎드려 절을 해도 된다고 모 기독교 신학 대학의 교수가 강의를 한다니, 정말 어처구니가 없는 일이라 생각된다. 모 교수의 강의 내용을 보면, 그는 성리학의 제례에 대해 "삶의 근원을 확인시키고 생명의 연속성을 강조하며 산 자와 죽은 자의 일치를 일상 속에서 발견케 하는 부정될 수 없는 종교성을 담보하고 있다."라고 말하면서 "전통 제례를 따르지 않고 예배의 형식을 갖추되 살아생전 조상에 대해 불효한 것을 참회하는 심정으로 절을 하며 음식을 바치는 순서를 가질 수 있다."라고 했다니 정말 어처구니없다. (참조 : 출애굽기 20 : 4.5절)

기독교인의 제사는 추도(追悼)보다는 추모(追慕)가 기독교적 사상이라고 보는 것이 합당하리라 본다.

이율곡 선생은 격몽요결에서 제사에 관한 네 가지 사상을 기록 하는데 그 기록에는 추모의 신념이 역력하다.

(1) 사기거처(思其居處) 그분이 계시던 방을 생각해 보라.

(2) 사기소어(思其笑語) 그분이 웃으시던 모습과 말씀하시던 모습을 생각하라.

(3) 사기소락(思其所樂) 그분이 즐거워하던 모습을 생각하라.

(4) 사기소기(思其所嗜) 그분이 즐기시던 것이 무엇인지 생각하라.

⑥ 환단고기와 제사

(1) 삼성기상= 환웅(桓雄)

"國稱倍達.…擇三七日祭天神…世祀不絕"
국 칭 배 달   택 삼 칠 일 제 천 신   세 사 불 절

안함로의 삼성기상의 기록에는 환웅의 시작에서 나라 이름을 배달(國稱倍達)이라 칭한 후 제일 먼저 하신 일은 삼칠일을 택하여 하나님께 제사를 드렸으며 그 제사는 세상에서 끊어지지 아니하고 이어지니라. 라고 기록하고 있다.

(2) 단군세기= 단군(檀君)

"정사오십년홍수범람민부득식"
丁 巳 五 十 年 洪 水 氾 濫 民 不 得 息

"무오오십일년. 축제천단어마리산"
戊 午 五 十 一 年   築 祭 天 壇 於 摩 璃 山

단군 역사에는 홍수가 50년이며 51년에는 천제단을 쌓아 하늘에 제사를 드린 것으로 기록하고 있다.

환단고기에는 환웅이나 단군역사도 조상의 제사가 아닌 천신 하나

님께 제사하였음을 분명히 밝히고 있으며 이 제사는 국경제와 봉선제로 이어진 것이라고 본다.

7) 주일 제도와 한자

창세기 2장 1절 천지와 만물이 다 이루니라. 2절 하나님의 지으시던 일이 일곱째 날이 이를 때에 마치니 그 지으시던 일이 다하므로 일곱째 날에 안식하시니라.

성경은 하나님께서 세상을 창조(創造)하실 때 시간적 개념으로 날짜를 만드시고 그 날짜에 따라 세상을 6일 동안 창조하셨으며 7일째 날을 축복의 날로 정하시며 주일 제도를 제정하사 일곱째 날에 안식(安息)하시면서 이날을 거룩하게 하사 복(福)을 주시는 날로 정하셨다. (창2 : 1~3. 출20 : 8~11)

인간이 살아가는 세계의 모든 나라들은 다 7일 주기 주일 제도를 사용하고 있을 것이다. 그러나 각 나라나 족속에 따라 요일의 명칭은 가지각색으로 표기할 것이다.

성경에는 주일 제도의 명칭을 첫째 날, 둘째 날, 셋째 날……. 이렇게 하여 마지막을 일곱째 날이라 부른다. 우리나라는 일요일부터 월요일, 화요일에서 토요일까지 이른다. 세계에서 유일하게 한자를 국어로 쓰고 있는 중국은 어떠한가?

그들의 조상이 한자를 창제하지는 않았으나 그들의 조상이라고 하는 순임금이나 공자 같은 동이족이 중국에서 활동하다 보니 한자는 그들의 소유물인 양 되었고, 한자의 모든 문화와 풍속이 그들의 전용물이 되었다. 이처럼 그들이 한자의 문명 속에서 문화와 풍속과 역사와 전통의 풍요를 누리고 왔다면, 그들의 주일 제도는 어떠한 요일을 사용할까? 과연 창조주인 하나님을 섬기던 조상들이 창조의 섭리대로 한자를 창제했고, 또 그 한자를 이어받아 지금도 그 한자를 사용하고 있다면, 분명 주일 제도도 창조의 섭리에 맞게 사용하고 있으리라 본다.

중국의 숙어(熟語)에는 이런 문구가 있다.

"반부기도 칠일래복(反復其道 七日來復)."

이 말을 주석하면, "그 도(道)는 다시 돌아온다. 칠 일마다 다시 돌아온다."와 같다. 여기서 말하는 '도(道)'는 一(한 일)자에서 소개한 그 도(道), 즉 하나님의 도를 의미하는 것으로 보아야 할 것이다.

그러나 중국 역시 수천 년의 세월이 흐름에 따른 변형과 하나님을 대적하는 사탄이 주일제도가 창조의 주일제도와 일치함을 안다면 그대로 보고 있었겠는가?

사탄은 안식일을 여섯째 날로, 일요일은 일곱째 날로 변경시키고 일요일이 예배일인양 바꾸어 놓았다.

① 중국의 주일(週日) 제도

주일(週日)을 중국에서는 '성기(星期)'라고 부른다. 그렇다면, 성기의 뜻부터 살펴보자.

星= 별 성자이나, 세월 성자도 된다. 파자하면, '日+生= 즉, 하루가 생긴 날, 일(日)은 해를 뜻하며 낮'을 가리킨다.

期= 때 기, 기한 기라고 한다. 파자하면 '其(그 기)+月(달월)= 그

밤'이며, 여기서 월(月)은 달을 뜻하며 하루의 밤을 가리키는 것으로 볼 수 있다. 즉 성기(星期)란 낮과 밤을 뜻하며 하루를 지칭한다.

고문에 이런 글귀가 있다. "일행위주(日行爲晝)요, 월행위야(月行 爲夜)"라. 주석하면 "해가 떠서 운행하면 낮이요, 달이 떠서 운행하면 밤이라"가 된다. 이것이 하루이고, 창세기는 저녁이 되며, 아침이 되니 첫째 날이라 하고, 중국은 해(星)와 달(期)의 그때 그 한번이 하루라 고 말하는 것이며, 이것을 '성기'라 부른다. 성경과 일치한다.

중국 요일(曜日)은 아래와 같다.

星期一日, 星期二日, 星期三日, 星期四日, 星期五日, 星期六日, 星期七日.

여기에서 마지막 날인 星期七日은 '성기칠일'이라 부르지 않고 '성기 천 (天)' 또는 '성기궤일(星期几日)'이라고 하여, 앞의 6일과의 다른 날임을 알리는 것이다. (참조 : 도표 중국 달력) 그렇다면 '궤(几)'란 무슨 뜻인가? 궤(几)는 제사를 올릴 때 쓰는 희생 제물을 올리는 상을 가리키는 뜻 으로, '제사하다'라는 의미를 부여한다.

또한 중국의 사전에는 "성기궤일(星期几日)이나 성기천(星期天) 대 신에 성기예배(禮拜)일로 바꾸어 쓸 수 있다. 예배가 더욱 구어적이 다."라고 기록하고 있다.

이 얼마나 성경적인가. 불교에서는 자기들 나름대로 요일(曜日)에 이름을 붙여 요일을 사용하고 있고, 기독교와는 거리가 먼 신을 섬기 는 중국에서는 창세기의 요일 명칭을 사용하는데, 창조주를 믿는다고 하는 기독교인들은 아직도 서양의 우상들의 이름이나 동양의 일월오 행성으로 지어진 요일 제도를 사용한다는 게 아이러니하지 않은가?

그림5= 중국 달력

日	一	二	三	四	五	六
2007年 30	2007年 31	1	2	3	4	5
6	7	8	9	10	11	12
13	14	15	16	17	18	19
20	21	22	23	24	25	26
27	28	29	30	31		

網易 新闻中心 news·163·com 2008年全国年节及纪念日放假安排

요일.
【부연설명】 (1) '星期' 뒤에 '日', '天', '一', '二', '三', '四', '五', '六', '几'를 써서 주 중의 어떤 날임을 표시함.

(참조 : 달력에 있는 부연설명)

② 요일.

【부연설명】 (1) '星期' 뒤에 '日', '天', '一', '二', '三', '四', '五', '六', '几'를 써서 주 중의 어떤 날임을 표시함.

③ 几= '禮拜'와 바꾸어 쓸 수 있음. → '禮拜'가 더욱 구어(口語)적인 단어임.

고조선 역사와 성경과 한자

성경 신명기 32장 7절에 우리에게 말씀하시기를 "옛날을 기억하라. 그리고 역대의 연대를 기억하라"라고 말씀하신다. 또한 사도행전 17장 26절과 27절의 말씀에는 인류는 한 혈통으로 만들었으니 한 족속인데 혹이 이런 사실을 잊었을 때에는 옛날의 연대나 역사의 사건으로 더듬어 찾는다면 시조와 시원을 발견하게 되리라고 하시면서 그는 우리 곁에서 멀리 떠나 계시지 아니하신다. 라고 기록되었으나 지금의 우리 역사와 연대는 어떠한가? 고구려전의 역사는 없는 것인가? 고조선의 역사가 정말 신화라면 우리의 뿌리는 어디인가? 지금부터는 역사의 사건과 연대를 더듬어 보기로 한다. (참조 : 인용 사료 각주)

각주 : ① 책명= 단군세기
　　역주자 : 이암(李嵓)(1297~1364)
　　관직 : 고려의문신= 고려 28대 충혜왕 때 성균관 대사성.
　　　　고려 31대 공민왕 때 수문하시중.

　　② 책명= 태백일사
　　역주자 : 이맥(李陌)(1455~1528)
　　관직 : 조선 문신= 중종 때 찬수관
　　당시 내각(성균관)에는 세조. 예종. 성종 3차례의 수서령으로 거두어들인 고서를 찬수관 이맥은 많이 접하여 태백일사를 편찬하였을 것으로 추정 된다.

성경에는 인간의 이성으로는 이해가 안 되는 사건들이 많이 있다. 또한 과학으로도 논증할 수 없는 사건들이 기록되어있다. 그러나 그 것을 믿는 것이 믿음이고 그 믿는 것을 인정하고 따르는 것이 우리는 신앙이라고 정의한다.

그런데 우리의 이성으로나 과학적으로 인정하기 힘든 사건들이 성경에 기록이 있는가 하면 우리 역사인 고조선역사에도 성경의 사건과 같은 기록이 있으니 이것이 동일한 사건으로 형성(形性)된다면 성경에서 말하는 하나님이나 우리의 조상들이 섬겼던 신은 같은 신이 아니겠는가.

열린 마음으로 편견 없이 열어 보기로 한다.

가까운 연대부터 기록해본다,

1) 히스기야 : 오루문(단군 34세)

이　　름	히스기야(성경)	오르몬(단군34)	비　교
연　　대	B.C 701년	B.C 786년	
연　　차	85년	85년	
사　　건	해 그림자가 10도 뒤로 물러감	을묘 10년 양일병출(兩日竝出)	
본문출처	열왕기하20:8~11절	환단고기 26페이지	

성경 열왕기하 20장 1절부터 11절의 기록에는 남방 유다의 제13대 왕(728~687) 히스기야가 병이 들었을 때 선지자 이사야가 왕을 찾아

와 죽고 살지 못하리라는 경고를 듣고 히스기야 왕은 심히 통곡하며 회개하므로 하나님께서 그의 기도를 들어 시고 다시 이사야 선지자를 왕에게 보내사 왕의 병이 나을 것을 전하며 그 징표로서 해의 그림자가 뒤로 10도 물러나게 하는 인간의 이성이나 과학으로는 도무지 믿을 수 없는 기적을 보인 사건이 있다.

이 사건이 우리의 고조선역사에도 기록되어 있다니 정말 신기하지 아니한가. 사건은 단군 34세 오루문 왕의 치리 을묘10년 (B.C 786년)에 양일병출(兩日竝出)이라고 기록하고 있다. 양일병출(兩日竝出)이란 하늘에 해(日) 두 개가 나란히 나타났다는 말이다.

이 사건(兩日竝出)을 정리한다면 어느 날, 해는 떠서 정오를 지나 오후 일영표의 그림자가 길게 널어져 갈 때 갑자기 다른 태양이 뒤에서 나타나니 길게 늘어졌던 해의 그림자가 10도가 줄어들었더라. 라고 할 수 있다.

우리는 이 사건을 어떻게 바라보고 이해하여야 할까?

성경으로는 시속 1,700km(지구둘레 : 40,000km÷24(시간))를 돌아가던 지구가 멈추었다가 반대 방향으로 10도 뒤로 물러갔다고 보아야 할 것인지 아니면 양일병출로서 또 다른 태양이 10도 뒤에 갑작스레 나타났다고 보아야 할 것인지는 단언하여 기록할 수 없으므로 독자의 몫으로 두게 됨을 죄송스럽게 생각하며 이 두 사건은 한 사건임은 분명하다.

이 사건을 시작으로 앞으로 전개될 여러 사건들이 진행되는 장소와 연대(年代) 그리고 사건의 내용을 주의 깊게 탐독(探讀)하게 되면 우리의 조상들이 섬긴 신은 성경의 여호와와 동일하다는 것을 인정하게 되리라 본다.

각주 : 兩 : 두 양, 日 : 해 일, 竝 : 나란히 병, 出 : 날 출

2) 여호수아 : 고홀(단군 20세)

이 름	여호수아(성경)	고홀(단군 20세)	비 교
연 대	B.C 1410년	B.C 1370년	
연 차	40년	40년	
사 건	태양이 중천에 그의 종일토록 머물다	신미 11년 가을 백일관홍(白日貫虹)	
본문출처	여호수아10:12.~14	환단고기 26페이지	

두 번째 사건은 이스라엘 백성들이 모세의 지도자로 인해 출애굽 후 제2의 지도자가 된 여호수아는 아모리 족속과의 전장에서 우세의 전투에 시간을 벌기 위하여 여호수아는 "여호와께 고하되 이스라엘 목전에서 가로되 태양아 너는 기브온 위에 머무르라 달아 너도 아얄론 골짜기에 그리할 지어다 하매 태양이 머물고 달이 그치기를 백성이 그 대적에게 원수를 갚도록 하였느니라. 야살의 책에 기록되기를 태양이 중천에 머물러서 거의 종일토록 속히 내려가지 아니하였더라." (여호수아 10장 12.13) 성경대로라면 지구의 자전 속도가 시속 1,700km로 자전하는 지구의 속도가 반으로 줄었다면 10시간 만에 서산으로 넘어가야 할 해가 20시간 동안 해가 지지 아니하고 있을 수 있겠지만,

이것 역시 과학의 기준으로 본다면 가능성이 희박하다고 보겠다.

그러나 이 사건과 동일한 시기에 나타난 우리 고조선 역사에는 단군 20세 고흘 재위 11년 신미년 가을에 백일 관홍(白日貫虹)의 사건이 일어났다. 라고 기록하고 있다 백일 관홍이란 백일(白日)은 현재 사용어로 백주(白晝)라는 단어인데 하루 종일 해가 지지 아니하고 밝은 날이었는데 그 이유는 해가 무지개에 걸려 있었다. 라고 할 수 있으나 그러한 풀이보다는 해는 정상적으로 넘어가나 그 해의 빛을 받아 반사할 수 있는 물체 무지개를 두어 밝게 비추었다고 해석하는 것이 더욱 타당하다고 본다. 그 한 예로서 달은 빛을 내지 못하나 해의 빛을 받아 반사하는 것과 같다. 라고 생각할 수 있을 것이다. 역시 무지개든 달이든 그 자체는 빛을 발산하지 못하나 햇빛을 받아 반사하게 되므로 하늘 높이 무지개가 뜬다면 햇빛을 받아 반사하지 아니하겠는가?

두 사건의 연대 차는 40년이고 사건의 전모(全貌)는 일관(一貫)되므로 두 개의 사건이 아니라 하나의 사건으로 보아도 될 것이다.

각주 : 白 : 밝을 백. 日 : 해 일. 貫 : 꿸 관. 虹 : 무지개 홍

그림6= 빛을 반사하는 무지개

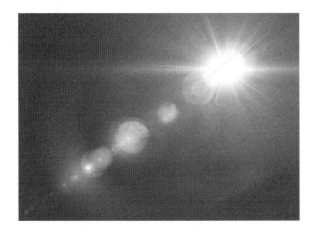

3) 1번과 2번의 과학적 근거

도서명 : 하나님이 계신 증거(80~86)

편저 : 김진섭 발행처 : 도서출판 도르가

〈EVENING WORLD〉지(미국 인디애나주 발행)에서.

헤롤드 힐(Harold hill) 박사의 증언

　헤 시 커티스 기계회사 사장이며 그린벨트 연구소장이다. 또 이분은 미국 인공위성 발사 고문이었다. 미국이 인공위성을 달에 도착시키기는 A.D 1969년 7월 21일이었다. 그러나 인공위성을 달에 도착시키기 위해서는 15년 전인 1954년부터 그 실행을 위하여 본격적으로 실천 단계에 돌입하였다.

실천 단계에서 지구와 달의 거리, 지구의 자전과 공전 속도, 달의 공전사항, 지구와 달의 중력 등을 조사함과 동시에 달과 지구의 자전과 공전 속도가 규칙적인지 아니면 불규칙적인지를 컴퓨터를 통하여 지금으로부터 10만 년까지를 확인하는 과정에서 컴퓨터의 기록에는 24시간 동안 지구가 자전을 하지 않았다는 데이터가 나왔다. 연구진은 이 사실이 어떠한 사실일까? 기계 고장일까 하여 수차례 진행 하였지만 같은 결과였다.

연구진은 이 사실을 밝히기 위하여 애를 쓰다가 어느 기독교인의 증언으로 성경에는 하늘의 해가 하루 동안 지지 아니하였다. (1사건 : 여호수아 10 : 12.13) 라는 기록이 있다는 것이다. 다시 연구진은 컴퓨터를 조작하여 조사해보니 완전한 하루가 아니고 23시간 20분이 돌지 않았음을 표시하였다.

다시 연구진은 결과에서는 하루 즉, 24시간이었는데 40분의 오차가 생긴 셈이다. 다시 그들은 성경을 자세히 읽은 결과 하루 종일이 아니라 그의 하루 종일을 발견하고는 그는 40분이 모자란 하루라는 것을 인정하고 40분을 다시 찾는데 이 역시 성경에서 찾아낸다. (2번 사건 : 열왕기하 20장 9~11절)"이사야가 가로되 여호와의 하신 말씀을 응하게 하실 일에 대하여 여호와께로서 왕에게 한 징조가 임하리이다. 해 그림자가 10도를 나아갈 것이니까, 혹 10도를 물러갈 것이니까, 히스기야가 대답하되 그림자가 10도를 나아가기는 쉬우니 그리할 것이 아니라 10도가 물러갈 것이니이다. 선지자 이사야가 여호와께 간구하매 아하스의 일영표(日影表) 위에 나아갔든 해 그림자가 10도를 물러가게 하셨더라." 10도 뒤로 물러난다는 것을 시간으로 계산하면 40분이 된다.

〈24시간×60분÷360도×10＝ 40분〉

상기 1사건과 2사건을 합하면 정확한 24시간이 된다.

4) 욥 : 흘단(단군 13세)

이 름	욥(성경)	흘단(단군13세)	비 교
연 대	B.C 2000년~1300 中= 1650년	B.C 1733년	연대주의
연 차	83년	83년	
사 건	묘성을 메어 떨기 되게 하겠느냐	무진 50년 오성취루(五星聚婁)	昴星 六連星
본문출처	욥기 38장 31절	환단고기 23페이지	

셋째의 사건은 연대와 사건의 전모를 깊이 파악 하는 것이 우선순
위일 것이다.

첫째 욥의 연대는 성경에 명시됨이 없는 고로 추정에 의한 연대임
을 밝힌다. 성경학자나 모든 문헌에 기록을 더듬어보면 욥의 연대는
B.C 2,000~1,300년으로 예척하고 있는 고로 본 저자는 중(中)으로
잡아 1650년으로 본다.

두 번째로는 사건이다. 본 사건은 욥이 심한 시험을 당하고 있는 와
중(渦中)에 하나님께서 찾아오시어 당신을 욥에게 나타내 보이면서 "네
가 묘성을 메어 떨기 되게 하겠느냐" (욥38 : 31)라고 말씀하신다. 이 말

씀을 다시 주석해보면 세 단어로 구분된다. (a. 묘성, b. 메어, c. 떨기)

a. 묘성(昴星)은 육련성(六連星) 또는 28수의 18번째 별자리의 하나라고는 하나 메다와 떨기라는 용어를 함께 사용한 것을 생각하면 18번째의 별자리만을 지칭하는 것은 아니라고 보인다.

여기서 지칭한 묘성은 행성의 일치됨을 이르는 단어로 보이며 이것은 다음 문구에서 이해가 될 것이다.

b. '메어'란(메다. 묶다. 꿰다) 라는 용어로 보면서 별을 메거나 묶거나 꿸 수 있는 물건이 아니지 않은가? 이 메어 라는 용어를 사용한 것은 형성들이 나란히나 한자리에 나타난 형상을 표현한 용어로 이해하여야 할 것이다. 즉 별을 묶다 는 한 무더기로 모였다든지 '꿰다'는 '주렁주렁 달다.' 또는 '나란히 서다'를 연상하면 좋으리라 생각된다.

다음으로는 c. '떨기'다. 떨기란 용어는 사전적 의미로는 더부룩하게 모여 있는 풀이나 가시덤불을 이르는 말인데 여기서는 함께 모여 있는 것으로 이해하여야 할 것이다.

상기의 세 단어를 종합하여 묶어 풀이한다면 "네가 하늘에서 자기 규법 대로 돌아다니는 행성들을 한자리에 모일 수 있게 하겠느냐"하는 반문어는 내가 보았든 그 상황을 내가 할 수 있겠느냐. 는 뜻이며 이러한 일이 있었음을 간접적 혹은 직접적으로 표현한 대목으로 보아야 할 것이다.

이러한 사건이 우리나라의 역사에도 있었는가?

고조선의 단군 13세 홀단 무진 50년(B.C.1733년)에 오성취루(五星聚婁)라는 사건이 있었다고 기록하고 있다.

오성취루란! 다섯 개의 행성들이 '루'라는 별자리에 함께 모였더라는 말이다. 이것을 다시 조합해보면 욥이라는 사람은 동방인 이라고 했으니 동방 어디 인지와 오성취루의 동방에서 일어난 이 사건은 같은 동방의 사건을 기록하였으리라 본다. 연대적으로도 83년으로 근접한 차이가 아닌가? 그리고 성경의 묘성과 환단고기의 루성은 같은 별자리이며 동양의 별자리 28수의 하나라는 것을 한글 사전에서 확인할 수 있다.

오성취루(五星聚婁)의 사건은 한국 천문 연구원에서도 천문 과학의 연구로서 확인한 바이다.

박석재의 천기누설(전 천문대장) 증언 "환단고기'의 '무진오십년 오성취루' 기록이다. 이 기록은 한자로 '戊辰五十年五星聚婁'라고 적는다. 여기서 '무진오십년'은 BC 1733년을 말하고 '오성'은 물론 수성·금성·화성·목성·토성을 말한다. '취'는 모인다는 뜻이고 '루'는 동양 별자리 28수의 하나다. 즉 이 문장은 'B.C. 1733년 오성이 루(婁) 주위에 모였다.'라고 해석된다. 이 기록을 처음으로 검증해 본 천문학자는 라대일 박사와 박창범 박사다. 그 검증 결과는 논문으로 작성돼 1993년에 발행된 한국천문학회지에 실렸다. 나는 큰일을 해낸 두 후배 천문학자가 너무 자랑스럽다. 안타깝게도 라대일 박사는 요절했다."

우리의 찬란한 역사 무려 3700년 전에도 천문을 연구하여 기록으로 남겼다니 정말 놀라운 사실이 아니겠는가?

각주 : 五 : 다섯 오. 星 : 별 성. 聚 : 모일 취. 婁 : 별자리 루

그림7= 행성들의 궤도와 오성취루

* 발췌:stb.역사 스페셜 박석재 전 천문대장 강의

5) 노아 : 단군

이 름	노아(성경)	단군	비 교
연 대	B.C 2344년	B.C 2333년	
연 차	11년	11년	
사 건	홍수사건	개천사상(開天思想)	
본문출처	창세기 6장~9장	환단고기 13페이지	

노아는 단군이다.

웬 뜬금없는 소리냐고요?

증거를 지금부터 제시한다.

첫째 연대다. 개천사상의 주역이 단군이라면 그 연대를 B.C 2333
년이고 노아홍수의 주역이 노아이면 그 연대가 B.C 2344년이다. 둘
사이의 연대 차는 11년인데 4300년의 긴 세월에 11년 차이라니 놀랍

게도 정확하다.

이뿐인가. 일자는 개천이 10월 3일이면 홍수는 2월 17일이다. 이두 날짜를 태양력으로 환산하니 같은 날짜라니 믿을 수 없는 사실이 눈앞에 펼쳐지고 있다.

아래의 도표를 보면 개천 일자와 홍수 일자가 같은 날임을 알 수 있을 것이다.

연대 일자 비교표

B.C 4000년		B.C 1년
하나님 연대 모름	아담 1656년	노아 2344년
年代不可考也 환인	1565년 환웅	2333년 단군

일자

태양력
개천절　　　　　　　　이스라엘 국경일 10/3일　　　　　　　　　5/14일 1 2 |03| 4 5 6 7 8 9 0 1 2 3 |14| 5 6 7 8 9 0 1 2 3 4 5 6 7 8 9 0 5 6 |17| 8 9 0 1 2 3 4 5 6 7 |28| 9 0 1 2 3 4 5 6 7 8 9 0 1 2 3 4 2/17일　　　　　　　　2/28일 홍수　　　　　　　이스라엘 국경일 민. 성력일

사 건	성력(음)	민력(음)	태 음 력	태 양 력
예수님 탄신일	2월 28일	8월 28일	4월 4일	5월 14일
예루살렘의 날	2월 28일	8월 28일	4월 14일	5월 14일
노아 홍 수	8월 17일	2월 17일	10월 3일	11월 3일

둘째로 이름의 뜻이 같다는 것이다.

노아와 단군 분명히 한글로는 다르다. 그러나 한자를 풀이한다면 단군의 단(檀)자의 뜻과 노아의 사적이 일치한다. 한자 자전의 뜻풀이는 세 단어로 풀이하고 있다. ① 향목전(香木旃)나무의 몸이 굽어 있고 향기가 나는 나무를 가리켜 향나무 단자라 하였고 ② 박달나무 단자는 자전에는 강인목중거복(强靭木中車輻)이라 하여 나무 중에서 가장 강하고 질겨서 수래 바퀴살을 만드는데 적합한 나무를 찾으니 박달나무가 적합하여 박달나무 단자라고 이름하였으며 ③ 해유수(奚有樹= 큰배 해. 있을 유. 나무 수). 자전에 원자(原字)는 기록하였으나 풀이가 없다. 해석이 없는 이유는 성경의 노아홍수의 사건을 모른다면 당연히 해유수를 주석 할 수 없는 게 당연하지 않을까? 한 자의 설문과 주석을 붙인 사람은 성경을 모르든 사람으로서 한문 해석 방법에 따라(闕疑= 의심스러우면 해석하지 말라) 그냥 둔 것을 저자는 다행으로 생각한다. 이것을 풀이하면 나무로써 큰 배를 만들어 있게 하였다. (본 해석은 제2장 5번의 단자 참조)이다. 이것이 노아가 아니고 누구겠는가?

또 하나의 증거는 사상이다. 단군 사상 (참조 : 제4장)을 기록한 환단 고기에는 성경의 내용과 흡사한 것이 너무도 많다. 삼위일체. 천지창조. 사람창조. 역사 비교에 기록되어있으니 참조하기 바란다.

(참조 : ①, ②, ③은 제2 장 5)에 ③을 참조 바람.)

6) 두발가인 : 치우천황

이 름	두발가인(성경)	치우천황(환웅14세)	비 교
연 대	B.C 2680년(추정) 족보로 추정함	B.C 2707년	연대 추정
연 차	27년	27년	
사 건	동·철로 각양 날카 로운 기계 제작	동두철액(銅頭鐵額) 채광 주철 작병	
본문출처	창세기 4:2절	환단고기 8페이지	

두발가인과 치우천황이다.

먼저 두발가인의 연대부터 열어보자 두발가인의 연대도 정확하게 확정할 수 없는 고로 추정하여 본다.

두발가인은 가인의 7대손이며 아담으로부터는 8대손이다.

아담부터 노아홍수까지는 10대이며 연대는 1656년이다. 평균 1대가 165.6이 되는 셈이라면 다음의 공식을 적용할 수 있을 것이다. 아담의 연대 B.C 4,004−(165.6×8= 1324)= 두발가인은 약 B.C 2680년이 되며 환웅의 14세 치우 천황은 B.C.2707년으로 연차는 27년이다. 그의 5천 년의 역사 오차가 27년이라니 이것 또한 신기한 사실이며 사건으로 넘어가면 두발가인은 "그는 동·철로 각양 날카로운 기계를 만드는 자요"(창4 : 22) 치우 천황은 동두철액능작(銅頭鐵額能作)이라

동으로 머리를 만들고 철로서 이마의 투구를 제작하였다는 뜻이며 造九治而採鑛(조구치이채광)하사 鑄鐵作兵(주철작병)하시니라. 채광하는 기구 아홉 개를 만들어 쇠를 녹여 병기를 제작하였다고 한다. 두발가인과 치우천황은 이명동인(二名同人)일까? 깊이 묵상하였으면 한다.

각주 : 銅 : 구리 동. 頭 : 머리 두. 鐵 : 쇠 철. 額 : 이마 액. 能 : 능할 능. 作 : 지을 작. 造 지을 조. 九 : 아홉 구. 治 : 다스릴 치. 而 : 말미암을 이. 採 : 캘 채. 鑛 : 쇳돌 광. 鑄 : 쇠부어 만들 주. 鐵 : 쇠 철. 作 : 지을 작. 兵 : 군사 병

7) 아담 : 환웅

이 름	아담(성경)	환웅	비 교
연 대	B.C 4004년	B.C 3897년	
연 차	107년	107년	
사 건	하나님이 남자 아담 창조	땅에 처음으로 나타난 남자 환웅(雄)숫것웅	
본문출처	창세기 2.3장	삼성기 상	

① 연대

아담과 환웅의 연대 연차는 107년이다.

6000년 역사의 오차가 107년이라면 정확하다고 말해도 누가 뭐라 하겠는가마는 그래도 개운하지는 못하여 몇 자 적어본다. 성경의 연대도 성경에 따라 다르다. 히브리 성경 요셉푸스 성경 사마리아 성경 70인력 성경. (참조 : 그림8)

그림 8= 각 성경 연대기 비교

	창세기 5장의 연대기							
	히브리 본문		사마리아오경		70인역		요세푸스	
	아들 출생 때의 나이	항년	아들 출생 때의 나이	항년	아들 출생 때의 나이	항년	아들 출생 때의 나이	항년
아담	130	930	130	930	230	930	230	930
셋	105	912	105	912	205	912	205	912
에노스	90	905	90	905	190	905	190	905
게난	70	910	70	910	170	910	170	910
마할랄렐	65	895	65	895	165	895	165	895
야렛	162	962	62	847	162	962	162	962
에녹	65	365	65	365	165	365	165	365
므두셀라	187	969	67	720	167*	969	187	969
라멕	182	777	53	653	188	753	182	777
노아	500	950	500	950	500	950	500	950
홍수 때 노아나이	600		600		600		600	

* 『70인역』의 다른 판들은 라멕 출생 시의 므두셀라의 나이를 187세로 잡는데, 그것은 아마도 므두셀라가 홍수 후에

환단고기의 역사 연대도 그대로 믿기에는 많은 문제가 있다 그 한 예로 우리 역사의 연대와 광개토대왕의 비문 연대의 차이에서 볼 수 있을 것이다.

② 성별과 여자

하나님께서 인류 시조를 창조하실 때 남자 아담을 창조하셨고 환인도 세인(世人)으로 보낼 때 남자인 환웅이다.

아담은 여자를 하나님께서 갈비뼈로 여자를 얻게 되었고(창2 : 21.22) 환웅은 삼국유사에서 환웅을 찾아온 곰을 교화시켜 여자를 얻었다. 라고 기록하고 있다.

환웅(桓 : 홀이름 환. 雄 : 남자 웅(숫것 웅))

③ 임무

아담= 창 1 : 28 하나님이 그들에게 복을 주시며 그들에게 이르시되 생육하고 번성하여 땅에 충만하라, 땅을 정복하라, 바다의 고기와 공중의 새와 땅에 움직이는 모든 생물을 다스리라 하시니라

환웅= 홍익인간(弘益人間)이란 환인이 환웅을 세상에 내려보내면서 부탁한 용어가 홍익인간인데 이것을 우리는 단순히 인간을 이롭게 하라는 뜻으로만 이해하지만, 홍익인간의 한자(漢字)적 의미로 본다면 넓을 홍. 더할 익. 사람 인. 사이 간, 이다. 이 땅에 사람으로 넓게 충만하게 하고 다스리라는 뜻이라고 이해하는 것이 타당할 것이라고 본다. (참조 : 제4장 2) ②환인과 환웅)

아담의 임무와 환웅의 임무는 동일하다.

환(桓)자의 이해 자전= 桓(환)자의 뜻은 公圭(공규)인데 공평할 공자에 홀 규 자이다.

우리 반만년의 역사와 사건들과 성경의 역사와 사건들이 동일함을 볼 때 같은 동방의 역사이며 사건이라는 확신을 지울 수가 없다.

그러나 풀리지 않은 수수께끼는 수십만 리 떨어져 있는 성서의 지역과 동방의 지역에서 같은 연대에 같은 사건이라는 것은 다시 한 번 연구의 과제로 남는다.

신32 : 7= 옛날을 기억하라 역대의 연대를 기억하라

【제
4
장】

단군사상과 성경

1) 신사적인 접근

'盲信(맹신)'이란 말이 있다. 옳고 그름을 가려 보지 않고 무조건 믿는 것을 우리는 '맹신'이라고 한다.

어떤 보험회사의 광고에는 '묻지도 않고 따지지도 않고 가입시켜준다'고 한다. 참 좋은 말이다.

그렇다면, 우리 선조들의 말을 들어볼까? '의심암귀(疑心暗鬼)'란 말이 있다. 의심하다 보면 갖가지 모든 생각이 잇달아 일어나 불안해진다는 뜻이다. 의심은 또 다른 의심을 일으킨다는 말이다.

그러나 내 생명이 달린 일이나 아니면 내 재산이 달린 일에 묻지도 아니하고 따지지도 아니한다면 그 누가 내 생명과 내 재산을 담보(擔保)하겠는가?

성경은 말씀하신다. 보지 아니하고 믿는 자가 복이 있다고(요 20 : 29). 그리고 히브리 11장 1절에는 "믿음은 바라는 것들의 실상이요 보지 못한 것들의 증거"라고 기록되어 있다.

이것이 묻지도 말고 따지지도 말고 믿으란 말인가? 아니다. 결단코 아니다. 성경은 맹신(盲信)하라고 가르치지 아니한다. 다시 성경에서 살펴보면, "베뢰아 사람은 데살로니가에 있는 사람보다 더 신사적이어서 간절한 마음으로 말씀을 받고 이것이 그러한가 하여 날마다 성경을 상고(詳考)한다. (행17 : 11)"라고 기록하고 있다.

이처럼 성경은 간절한 마음으로 詳考(상고)하라고 한다. 盲信(맹신)은 하나님이 바라는 바가 아니다.

그러면 하나님을 어떻게 찾을 수 있을까? 성경에는 하나님이 자신은 인간이 찾을 수 있는 범위 안에 있으며, 또한 찾을 방법도 제시하고 있다.

첫째로, 로마서 1장 20절에는 "창세로부터 그의 보이지 아니하는 것들, 곧 그의 영원하신 능력과 신성이 그 만드신 만물에 분명히 보여 알게 되나니 그러므로 저희가 핑계치 못하리라."고 말씀하셨다.

그러나 지금의 세상은 그러한가. 현 세상에서 창조물인 자연을 보고 창조주를 찾아서 하나님 앞으로 나아가는 사람은 얼마나 있겠는가?

엘렌 화잇의 저서 〈실물 교훈〉 14페이지에는 "사람들은 창조물 가운데서 하나님을 찾는 식별력은 거의 잃어버렸다. 인류의 죄악은 창조의 아름다운 얼굴을 검은 장막으로 덮었다. 하나님이 지으신 만물은 하나님을 더러 내는 대신에 하나님을 숨기는 장벽이 되었다."라고 기록하고 있다.

사람들은 죄로 말미암아 식별력이 없어졌고, 또 창조물은 창조주를 숨기는 매개물(媒介物)이 되고 말았다는 것이다.

두 번째, 사도행전 17장 26절과 27절에는 "인류의 모든 족속을 한 혈통으로 만드사 온 땅에 거하게 하시고 저희의 연대를 정하시며 거주의 경계를 한하셨으니 (왜 그리하였을까?) 이는 사람으로 하나님을 혹 더듬어 찾아 발견케 하려 하심이라. 그는 우리 각 사람에게서 멀리 떠나 계시지 아니하도다."라고 기록되어 있다.

여기에서 혹(或)이란 뜻을 부정적으로 접근하기보다는 긍정적으로 접근하여, 혈통(血統)을 통해서든 아니면 연대(年代)를 통해서든 상고(詳考)하게 되면 우리에게서 멀리 떠나 계시지 않으신 하나님을 찾을 수 있다는 말씀이 아닌가.

전 장에서 살펴보았던 대로 한자를 창제한 우리 조상은 노아의 후손이요, 셈의 자손이며, 욕단의 아들들임을 안다. 그들이 만든 글자(한자) 속에는 창조의 역사와 에덴의 사건과 노아의 홍수 사건이 고스란히 담겨 있음을 확인하였다.

2) 성경의 이름과 환단고기

노아와 단군의 사건은 3장 5번에 이어 다시 한 번 논지(論旨) 하는 것은 사항의 중요성과 사건의 연속성임을 밝힌다.

단군(檀君)은 노아다. 웬 뜬금없는 소리냐고 말할지 모르겠지만, 그리스도인은 신사로서 '그것이 과연 그러한가?' 하고 깊이 상고(詳考)해 볼 만한 논지(論旨)일 것이다. 우리 민족의 5천 년 역사와 문화와 풍속이 순풍에 돛을 달고 오늘까지 흘러왔노라고 누가 말할 수 있겠는가?

우리 조상들의 유일신(천신, 하나님) 사상에 불교와 유교가 가세(加勢)하면서부터 우리의 유일신 사상은 무너졌고, 수많은 역사는 왜곡 또는 말살되어 우리의 뿌리까지 잘려나가고, 그나마 명맥만 유지하여 내려오던 단군 역사도 도승 '안함로' 삼국사기 '김부식', '삼국유사 일연', '김견명' 이기철학과 성리학의 주희 등으로부터 불교 사상가와 유교 사상가들의 손에 의하여 필사본에서 또 필사본으로 수없이 이어지면서, 그들의 학식과 사상으로 천오(舛誤) 작필(作筆) 되었을 것이다.

그런가 하면 조선시대의 3번의 수서령과 또 일본은 우리나라를 찬탈(簒奪)하여 우리 역사를 왜곡하기 위해 수십만 권의 역사서를 불태우는 만행을 저질렀으며(조선사 편찬위) 그나마 남은 단군 기록서마저 현대에 와서도 역시 불교 사상과 유교 사상에 더불어 식민사관 자들의 지식으로 해석하므로 기독교와 단군 역사는 거리가 멀어졌다. 이러한 역사적 사실로 미루어 보았을 때, 지금의 우리 지식으로는 단군 역사는 신화나 설화나 위서에 불과하다고 보는 것이 당연하지 않을까 본다.

본 저자는 여기서 단군 역사의 사상과 기독교 사상으로 한번 조명해 볼 때, 독자는 먼저 선입관(先入觀)이나 편견(偏見)을 버리고 접근하기 바란다. 먼저 한 예를 들어 보면, 그리스도 예수교가 한국에 들어오면서 한국식 이름으로 개명하였는데 '야훼'를 한글로는 하나님. 한자로는 상제(上帝)님으로 '그리스도'를 한자어로 '기독교(基督敎)'로, '예수'를 '야소(耶蘇)'라고 불렀다.

① 노아와 단군

이처럼 성경의 '노아'를 우리 한자어로 개명(改名)한다면 어떤 이름이 마땅할까? 이름은 의미와 뜻과 품위와 역사와 존경이 포함되어야 이름의 의미가 살아날 것이다.

노아의 사적은 우리가 다 알다시피 하나님의 명령을 따라 나무를 가지고 큰 배를 만든 것이 노아의 역사일 것이고 또한 의미일 것이다. 그러면 나무를 가지고 큰 배를 만들었다는 한자는 있는가?

한글은 다르게 해석되었지만, 한자의 본뜻은 '해유수(奚有樹)'란 뜻을 가진 한자어가 있다.

해유수(奚有樹)를 풀이하면, 다음과 같다.

해(奚)= 큰 배 해[大腹(대복)= 큰 배. 크고 두텁다]

유(有)= 있을 유[取也(취야)= 무엇을 자기 것으로 만들다]

수(樹)= 나무 수[立也(입야)= 나무로서 설립하다]

해유수(奚有樹)를 직역하면, 나무를 가지고 큰 배를 설립(있게 하다)하다는 것이 된다. 그 한자가 바로 '단(檀)'자이다.

그러므로 노아의 이름을 한자로 작명한다면 한자로서 적용하기에 가장 적합한 한자는 바로 檀자며 사람이니까 군자를 붙인다면 '檀君(단군)'이라고 지을 수도 있다는 것이다. 이것도 하나의 偶然(우연)일까? 그럴 수도 있을 것이다

그러기에 앞서 언급했던 것처럼 어느 기독교 박사가 단군에 대해 해설(解說)을 하면서, "단군 사상은 논할 일고의 가치도 없으며 단군의 단(檀)자는 '박달나무 단' 자로서 박달나무를 말하는 것이다."라고 하는 것이다.

단(檀)자의 자전 해석(解釋)은 다음 세 가지로 해석한다.

첫째= 향목전(香木旃)

둘째= 강인목중거복(强靭木中車輻)

셋째= 해유수(奚有樹)

하나씩 풀이하면 다음과 같다.

첫째. 향목전(香木旃 : 향기 향, 나무 목, 자루 굽은 기 전) 뜻은 향기가 나는 몸이 굽은 나무라는 뜻으로, 이런 나무는 향나무이니 '향나무 단'이라 해석했고.

둘째. 강인목중거복(强靭木中車輻 : 강할 강, 질길 인, 나무 목, 수레 거, 바퀴살 복) 직역하면 '수레바퀴의 살을 만드는 나무로서 나무 중에 가장 강하고 질긴 나무'라는 뜻으로, 우리나라에서는 수레바퀴 살을 만들기에 적합한 나무로서 많이 사용하는 나무가 박달나무였다. 그래서 '박달나무 단' 자라고 이름 붙인 것이다.

또한 단군의 '단'자를 박달나무에 어원을 둔 내력은 우리말 동사 박다와 명사 달자의 땅(음달. 양달)에서 유래된 것으로서 박다의 뜻은 어떤 상대의 사물보다 강하여 상대 사물의 형체에 파고들거나 꽂힘을 말하는 것으로써 못을 박다. 말뚝을 박다. 사진을 박다(찍다). 바느질 할 때도 촘촘히 박다. 등의 동사와 달자는 땅을 가리키는 음달, 양달에 의한 명사를 합하여 강인(强靭)함을 뜻하여 박달이 된 것이라고 보이며 단군의 이름을 박달나무에 접목한 것은 이와 같은 사유도 있겠지만, 결과적 타당성은 셋째 번의 해유수에 있다고 본다.

셋째. 해유수(奚有樹 : 큰배 해, 있을 유, 나무 수) 직역하면 '나무를 가지고 큰 배를 있게 하다'라고 할 수 있다. 더 정확하게 풀이한다면 이 나무를 가지고 큰 배를 만들어 있게 했다.

그런데 자전에서는 단(檀)자를 해설하면서 첫째의 향목전 이나 둘째의 강인목중거복은 향나무 단자와 박달나무 단자라 해설을 붙여 놓았는데 왜 해유수는 해설이 없느냐다.

이유는 한자와 한문의 해석 방법에서 기록한 바대로 고문 해석 원칙에 따라 술이불작(述而不作)과 궐의(闕疑)에 준하여 해석하지 아니하고 (2장. 2) 참조) 그냥 두었던 것이다.

이 해유수(奚有樹)는 성경을 모르면 해석도 불가능하며 이뿐만 아니라 상당수 한자는 성경을 모르면 해석과 이해가 불가능하다.

본 저자도 한자를 가르치는 과정에서 이 사실을 깨닫고 이 책을 써야 겠다는 마음을 가졌든 하나의 이유 이기도 하다.

단군의 단(檀)자는 노아의 행적이며 노아와 단군은 일인 이명(一人二名)이라고 본다.

②성경과 환인. 환웅

그럼 단군 역사에 나오는 이름을 알아보자. 단군 역사(歷史)에 등장한 이름은 환인(桓因)과 桓雄(환웅)과 檀君(단군)이다

먼저, 桓因(환인)을 살펴보자.

桓(환)자의 이해

Ⓐ 자전풀이= 환(桓)자의 본뜻은 '공규(公圭)'인데, 공규란 공평한 홀(笏)이란 뜻이며 또는 '하늘과 땅을 헤아리는 어른(절대자)'이란 뜻이다. 그러면 홀이란 무엇인가? 홀이란 절대 권력자의 권력을 상징하는 표징이나 지휘봉을 일컬어 부르는 명칭이다.

Ⓑ 파자풀이= 환(桓)[木 + 亘또는亙]

木= 자전에서는 목자의 뜻을 동방위(東方位)라 했으며 동방위란 에덴동산에 있든 나무(선악과)를 지칭하며 하늘과 땅 즉 하나님과 사람을 연결하는 통로이다. 목자에 관한 설명은 제2장 4) ①에 자세한 설명이 있어 여기서는 줄이니 참조하시기 바람.

亘(선)과 亙(긍) 두 글자는 동자이며 (瓦)본 자이다.

자전풀이= (1) (瓦)걸칠 궁 자이며 A와 B를 걸치다 또는 연결하다
        는 뜻이며 하늘과 땅을. 하나님과 인간을 연결하여
        통하다.
    (2) (亘)베풀 선(求也) 구하다. 또는 구원하다.

상기 두 내용은 환(桓)자의 Ⓐ의 자전풀이는 이 땅의 관리자 또는
치리하다는 것이며 Ⓑ의 파자 풀이의 桓(환)자는 하늘과 땅을 하나님
과 사람을 나무를 통하여 연결되며 그 나무는 에덴동산에 있든 선악
과나무라고 말할 수 있다.

(참조 : 창세기 2장 17절= 선악을 알게 하는 나무의 실과는 먹지 말라. 네가 먹는 날에는
          정녕 죽으리라 하시니라.
      요한복음 15장 5절= 나는 포도나무요 너희는 가지니 저가 내 안에. 내가 저 안에
                있으면 이 사람은 과실을 많이 맺나니 나를 떠나서는 너희
                가 아무것도 할 수 없음이라.)

因(인)자의 자전 풀이
Ⓐ 仍也(잉야) : 인할 인 : 원인을 이루는 근본 동기
Ⓑ 由也(유야) : 말미암을 인 : 어떤 현상이나 사물 따위의 원인 또는
    그로부터.

국어사전적 의미는 "환인의 이름은 불전에서 빌려온 제석신의 이
름에 불과하다. 이는 〈삼국유사〉의 편찬자 일연이나 보주자 무극이 윤
색한 것으로 볼 것이며, 원래는 하늘 하나님이라는 우리말의 근원이
되는 무슨 어형의 사음이라고 보는 것이 일반적인 견해이다." (이홍직

: 단군 신화와 민족의 이념. 최남선 : 단군고기 사상계)〈삼성 문화사 국어대사전 하권 2836〉

결국, 환인(桓因)은 하나님의 또 다른 이름 한자명(名)으로 볼 수 있을 것이며 모든 현상은 그로부터 출발 되었다.

그럼 이번에는 환웅(桓雄)에 대해 살펴보자.

桓(환) 자는 살펴보았으니 참고 하시고 이번에는 '웅' 자를 보자.

'雄(웅)' 자는 '수컷 웅' 자로, 남자를 말하며 어른 또는 우두머리의 뜻이다. 성경에는 "하나님이 사람을 처음 창조한 것은 남자며 어른이며 우두머리로 창조하셨다(창1 : 27). 그 후에 아담의 갈비뼈로서 여자를 창조하셨다(창2 : 21~23)."라고 성경은 기록하고 있다.

환웅(桓雄)이라는 이름의 뜻은 하늘과 땅을 연결하며 '홀을 가진 남자'라는 뜻이고, 성경의 아담 역시 홀을 가진 남자였다. (창2 : 18). 그렇다면, 환웅이란 또 다른 아담의 이름 한자명(名)으로 볼 수 있을 것이다. (참조 : 제3 장 7) 아담 : 환웅)

각주 : 자전= 桓(환) : 公圭(공규)란 공평한 홀이란 뜻이며 홀은 최고 권력의 표징
　　　성경용례= 시 45 : 6 하나님이여 주의 보좌가 영영하며 주의 나라의 홀은 '공평한 홀'이니이다.

다음은 단군(檀君)에 대해 알아보자.

단군(檀君)은 앞에서 노아와 단군의 이름에서 본 바와 같이 '단(檀)' 자는 나무를 가지고 큰 배를 만든 사람에게 붙여진 이름으로 보아야 할 것이다. (참조 : 제2장 5) ③)

단군(檀君)은 노아의 또 다른 이름 한자 명(名)으로 볼 수 있을 것이다.

위의 모든 사항을 종합해 보면, 환인은 하나님과 이름이 같고, 환웅은 아담과 이름이 같고, 단군은 노아와 이름이 같다.

이것도 우연(偶然)의 일치일까 묻고 싶다. 이로 보건대 우리의 조상은 노아이며, 또 다른 이름은 단군이라 할 수 있지 아니하겠는가? (참조 : 제3장 5)노아 : 단군)

왕검(王儉)은 누구인가?

우리는 통상적으로 단군왕검이라 하여 단일 단어의 한 이름으로 취급하는 경향이 있으나 단군 왕검은 복합어이다.

일부 항간(巷間)에는 단군을 제사장직의 직위의 이름으로 왕검을 치리자나 통치자의 직위의 이름으로서 제사장과 왕의 직위를 겸함을 나타내는 뜻으로 단일 이름으로 단군왕검이라고 하나 그 뜻과 의미는 치리적으로는 맞을지 모르지만, 근본은 아니다.

단군과 왕검의 호칭은 원동중의 삼성기 하편에는 환웅시대의 마지막 왕은 18세 거불 단 환웅(居弗檀桓雄)이라 하였고 행촌 이암은 단군세기에서 기록하기를 왕검(王儉)의 아버지는 단웅(檀雄)이라 하였으니 단웅(檀雄)은 바로 단군(檀君)이시며 왕검(王儉)의 아버지다.

이로부터 단군의 계보가 시작되어 47대 고열가 단군까지 무려 1905년간 단군의 시호(諡號)가 내려왔던 것이다.

현재 우리도 예외는 아니다 한 예를 보면 유(劉) 씨의 유자(劉字)는 2300년 전 한나라 유방(劉邦)으로부터 시작하여 오늘날까지 내려온다.

한편 조선 왕조 왕들의 칭호에는 호(號). 자(字). 존호(尊號). 시호(諡號)가 있으며 왕이 죽고 삼년상이 지난 후 신주가 종묘에 들어가면 부르는 묘호(廟號)가 있다.

조선 왕조의 묘호(廟號)는 조(祖)자와 종(宗)자가 있으며 조(祖)자로는 태조. 세조. 선조. 인조. 영조. 정조. 순조이며 종(宗)자로는 태종을 위시하여 모든 왕들에게 주어진 묘호(廟號)이다.

단군 이름의 단(檀)자는 앞에서 설명한 것과 같이 해유수(奚有樹)라 하여 나무로서 큰 배를 있게 하다. 란 뜻의 시호(諡號)를 후대에 내리면서 대를 이어 단군을 연호(連呼)로 사용하여 1세 단군왕검(王儉), 2세 단군부루에 이어 연호하면서 47세 단군고열가 까지 이어온 것으로 보이며 왕검의 왕(王)자는 치리 자 또는 통치자나 우두머리를 뜻하고 검(儉)자는 자전에서는 소야(小也)라 하여 작은 것으로 해석되니 왕검(王儉)의 한자 적 의미는 작은 치리 자나 아니면 작은 통치자로 이해된다.

왕검을 우리 조상인데 이렇게 작은 자로 폄하하여도 되느냐고 반문하겠지만, 여기에서 말하는 작은 자는 물리적이나 물질적으로 작은 또는 작다가 아님을 다음 전개 과정에서 알 수 있게 될 것이다.

성경적으로 우리 동이족이 셈족이라면 셈족은 노아의 세 형제 중

셋째 아들이다. 즉 작은 아들이다. 그 증거는 다음과 같다.

성경에 노아의 자손 순위를 셈. 함. 야벳이라 하여 셈이 첫째 아들인 양 알고 있지만, 이것은 성경의 선민사상의 계보를 이어가기 때문이며 셈의 생물학적 계보는 작은 아들이며 셋째다.

(참조 : 창세기 10장 21절 말씀에는 "셈은 모든 에벨 자손의 조상이요 형 야벳의 동생이라." 킹제임스 성경에는 셈은 야벳의 동생이라고 기록했으며 창세기 9장 24절은 "노아가 술이 깨어 그 작은 아들)

각주 : (둘째.함)이 자기에게 행한 일을 알고" 개역 한글판 성경에는 함을 둘째 아들이라고 기록하였다.

(참조 : 한글 성경에 따라 형제 순서가 다름)

왕검(王儉)의 검(儉)자도 자전에서는 소야(小也)라 하여 작은 자란 뜻이며 또 다른 뜻은 검(儉)자를 파자하면 一에서 사람을 가리키는 인(人)자와 식구를 가리키는 구(口)자가 여섯 개인데 공교롭게도 셈의 아들들이 여섯 명이다. (창10 : 22) 단군(檀君)과 왕검(王儉)은 성경으로나 한자를 보면 단군(檀君)은 노아가 되고 왕검(王儉)은 셈이라고 할 수 있다.

3) 성경 연대와 단군 연대

연대(年代)로서 하나님을 찾자.

B.C 1에서부터 노아까지= 2344년

B.C 1에서부터 단군까지= 2333년= 11년 차이

노아에서부터 아담까지= 1656년

단군에서부터 환웅까지= 1565년= 91년 차이

환웅에서부터 환인까지= 연대불가고야(年代不可考也)라고 했다.

　　　　　　　연대를 알 수가 없다는 뜻이다.

아담에서부터 하나님까지= 출3 : 14= 스스로 계신 자

　　　　　　히7 : 3= 이제도 계시고 전에도 계신 자.

　　　　　　계1 : 8= 알파와 오메가.

하나님의 연대도 역시 알 수 없다는 뜻이다.

성경의 연대도 부정확함. (참조 : 그림 8번)

　히브리 성경, 70인역 성경, 사마리아성경, 요세푸스 성경, 창세기 계보 연대가 다르다.

　현재 남아 있는 단군 사기의 연대는 일정하다고는 하나 전수(傳授) 과정에서 원문이나 고문은 찾아보기 어렵고, 단지 안함로(579~640)의 저서 〈삼성기〉를 소장하고 있던 계연수가 1911년 처음으로 〈환단고기〉라는 제목으로 발행(發行)하였으나 그 원본마저 보존됨이 없으며

그 이후 현재 전해지고 있는 것은 〈계연수 본〉을 필사한 〈오행기본〉과 〈배달 의숙본〉이며 이 또한 단출했기 때문이며, 고구려 광개토 대왕 비문에 의하면 단군 연대도 정확하다고 단정하기는 어려운 실정이라고 보아야 한다는 것이 역사학자들의 주장이다.

홍수 날짜(日)를 살펴보자.

노아 홍수 사건은 노아가 600세 되던 B.C. 2344년 2월 17일(창7 : 11)이며. 〈환단고기〉의 개천은 B.C. 2333년 10월 3일이다. 그렇다면 노아홍수 2월 17일(민력)과 단군 개천 10월 3일(음력)은 같은 날일까?

유대인에게는 두 달력이 있다. 하나는 출애굽 전에 사용된 달력인데, 이 달력을 '민력'이라 하고, 출애굽 때에 하나님이 지시한 달력을 '성력' 또는 '교력'이라 한다. (출12 : 2)

민력 1월은 성력(교력)으로는 7월이 되고, 지금 우리가 쓰고 있는 태양력(太陽曆)으로는 9월 반절과 10월 반절이 되며, 반절의 날짜가 정확한가는 알 수 없으나 이스라엘의 국경일을 기준으로 볼 때 15일을 태양력 1일이 된다. (참조 : 제3장 5)) 그러면 노아 홍수의 시작이 2월 17일이면, 2월은 태양력(太陽曆)으로는 10월 반절에서 11월 반절이 되고, 민력 일자가 15일에서 태양력 달이 바뀐다면 17일이니 태양력은 11월이 되며, 민력 2월 15일이면 태양력 11월 1일이 된다.

그러면 민력 2월 17일에 홍수가 일어났다면, 지금 우리가 사용하는 태양력은 11월 3일이 된다는 계산에 도달하게 된다.

그림11= 이스라엘 국경일과 태양력 비교

사 건	성력(음)	민력(음)	태 음 력	태 양 력
노아 홍수	8월 17일	2월 17일	10월 3일	11월 3일
예수님 탄신일	2월 28일	8월 28일	4월 14일	5월 14일
예루살렘의 날	2월 28일	8월 28일	4월 14일	5월 14일

* 홍수 일자 민력 2월 17일과 개천절 10월 3일은 일치함

의문점= 개천절(開天節)은 10월 3일인데 왜 노아 홍수는 11월 3일인가?

답= 1945년 해방 후 대한민국 정부가 세워진 뒤 1949년도 국경일(國慶日)에 관한 법률을 제정하면서, 개천절의 날짜를 어떻게 할 것인가에 대해 논의하였다. 음력 10월 3일을 할 것인가, 아니면 양력으로 해서 11월 날짜를 할 것인가를 논의하던 중 음력 10월 3일 자의 기록상의 의미가 있는, 즉 양력으로 고치지 말고 있는 그대로 음력 10월 3일을 하자는 데 의견이 모여 통과되었다. 그렇게 음력일을 정하였으므로 양력으로는 11월 3일이 된다.

※연대와 일자도 우연한 일치일까?

4) 홍수연대, 개천연대, 중국연대 비교

중국의 역사를 삼황오제로 보고 있으며 학자에 따라 여러 다른 의견도 있으나 일부 정립된 의견으로는 요순(B.C.2357) 때로부터 중시한다. 그러나 일부 실증주의(實證主義)학자들은 요순 때의 유물이 입증되지 못하므로 유물이 입증되는 은왕조(B.C. 1,600) 때를 주장하는 부류가 있지만 거대한 대국의 역대가 주변국에 미치지 못하므로 거부하여 삼황오제의 역사를 밝히고자 애를 쓴다. 그러나 오늘날에서는 공자의 사서오경 중용 편에 조술요순(祖述堯舜)이란 글에 기초하여 요순(B.C.2357년) 때를 시작으로 보는 부류가 많이 있다.

중국역사= 요 임금= B.C 2357년

성경홍수= 노아= B.C 2344년

우리나라= 개천사상= B.C.2333년

성경을 기초로 하여 각각 11년과 13년의 차이라면 이 세 개의 역사는 동일한 역사이며 노아 역사로서 나라별로 개국 시원의 사상을 정립 하였으리라 본다.

5) 성경사상과 단군사상

다음 사항은 〈삼성기와 환단고기〉에 실려 있는 내용을 기독교 사상으로 풀이한 것이다. 지금도 단군역사에 관한 책들이 수백 가지가 있는데, 그 모든 해석들은 불교 사상이나 유교사상 그리고 도교와 단단 학회를 위시하여 수많은 사상가들이 자신의 사상에 맞게 해석하였으므로 이 책에서는 본 필자는 기독교 사상으로 직역하고자 하니, 부족한 점이 많을 것이나 부족한 것은 이후 우리 기독교계의 학자들과 독자들께서 학술적 판단으로 저술되어 내려지리라고 본다.

이 지면에서는 〈환단고기〉의 일부 내용만 발췌하여 실었다.

〈환단고기〉의 내용과 성경

一. 본문 : 表訓天詞云

　　　토 : 표훈천사운

　　　해설 : 하늘의 뜻을 밝게 고하는 글(책)에 이르기를

二. 본문 : 大始上下四方 曾未見 暗黑 古往今來 只一光明矣

　　　토 : 대시 상하사방 증미견 암흑 고왕금래 지일광명의

　　　해설 : 태초에는 위에나 아래 사방에 이전이나 앞으로도 볼수 없는 어둠이더니 이전은 지나가고 지금에 와서는 다만 하나의 광명뿐이더라.

　　　성경 : 땅이 혼돈하고 공허하며 흑암이 깊음 위에 있고…
　　　　　　하나님이 가라사대 빛이 있으라 하시매 빛이 있었고(창1 : 2.3)

三. 본문 : 自上界却有三神卽一上帝 主體則爲一神 非各有神也

토 : 자상계각유삼신즉일상제 주체칙위일신 비각유신야

作用則三神也(却물리칠각. 앙망할각)

작용칙삼신야

해설 : 하늘 세계를 바라보니 스스로 계신 삼신이시니, 곧 한 분이
신 하나님이시라 주체는 곧 하나의 신이시나 각각 신이 있는
것이 아니요, 삼신은 규정에 따라 나누어서 일하신다
(출3 : 14, 마28 : 19, 딤전1 : 17, 창1 : 26).

각주 : 表 : 겉 표, 訓 : 가르칠 훈, 天 : 하늘 천, 詞 : 말씀 사, 云 : 이를 운,
大 : 큰 대, 始 : 처음 시, 方 : 모 방, 曾 : 일찍 증, 未 : 아닐 미, 見 : 볼 견, 暗 : 어
두울 암, 黑 : 검을 흑, : 옛 고, 往 : 갈 왕, 今 : 이제 금, 來 : 올 래, 只 : 다만 지,
光 : 빛 광, 明 : 밝을 명, 矣 : 어조사 의, 自 : 스스로 자, 界 : 세계 계, 却 : 물리
칠 각(앙망하다), 有 : 있을 유, 神 : 신 신, 卽 : 곧 즉, 帝 : 임금 제, 主 : 주인 주,
體 : 몸 체, 則 : 법칙 칙, 爲 : 할 위, 非 : 아닐 비, 各 : 각각 각, 有 : 있을 유, 也 :
있기 야, 作 : 지을 작, 用 : 쓸 용,

四. 본문 : 夫 三神一體之道 在大圓一之義 造化之神 降爲我性
토 : 부 삼신일체지도 재대원일지의 조화지신 강위아성
敎化之神降爲我命 治化之神 降爲我精
교화지신강위아명 치화지신 강위아정

해설 : 삼신은 한분인 아버지의 도요, 큰 우주에는 하나의 의를 위하
여 있나니 창조의 신은 내려와 나의 바탕을 만들고 교화의 신

은 내려와 나에게 생명을 주시고 다스리시는 신은 내려와 나를 깨끗하게 하시는 도다.(창1 : 26)(性= 성품·생명·바탕)

五. 본문 : 惟人爲 最貴最尊於 萬物者也
　　토 : 유인위 최귀최존어 만물자야

해설 : 그러므로 오직 사람 지음은 만물보다 최고로 귀하고 최고로 존귀한 것이 사람이라(마16 : 26).

六. 본문 : 未有質而始生木 使太木 居東方 司命尙靑
　　토 : 미유질이시생목 사태목 거동방 사명상청

해설 : 아직 땅에는 꾸며지지 않은 상태에 최초로 나무가 나게 하시고 처음으로 나무로 하여금 동방에 있어 항상 푸르르라. 라고 사명을 주셨다. (창2 : 5~9).
　　(質= 꾸며지지 않은 본질)

七. 본문 : 日行爲晝 月行爲夜 候測星寒暑 紀年
　　토 : 일행위주 월행위야 후측성한서 기년

해설 : 해가 운행하면 낮이요, 달이 운행하면 밤이며 날과 계절과 추위와 더위와 연대를 헤아리는 기본이 되느니라. (창1 : 14~18,8 : 22)

각주 : 夫 : 아비 부, 在 : 있을 재, 圓 : 둥글 원, 義 : 의로울 의, 造 : 지을 조, 化
: 될 화, 降 : 내릴 강, 爲 : 할 위, 我 : 나 아, 性 : 성품 성, 敎 : 줄 교, 化 : 될 화,
降 : 내릴 강, 爲 : 할 위, 命 : 목숨 명, 治 : 다스릴 치, 精 : 깨끗할 정, 惟 : 오직
유, 最 : 가장 최, 貴 : 귀할 귀, 尊 : 높을 존, 於 : 어조사 어, 萬 : 일만 만, 物 : 만
물 물,者 : 놈 자, 也 : 잇기 야, 未 : 아닐 미, 有 : 있을 유, 質 : 바탕 질, 而 : 말미
암을 이, 始 : 처음 시, 使 : 부릴 사, 太 : 클 태, 居 : 거할 거, 東 : 동녘 동, 方 :
모 방, 司 : 맡을 사, 命 : 목숨 명, 尙 : 오히려 상,靑 : 푸를 청, 行 : 다닐 행, 爲 :
할 위, 晝 : 낮 주, 夜 : 밤 야, 候 : 기후 후, 測 : 잴 측, 星 : 별 성, 寒 : 찰 한, 暑 :
더울 서, 紀 : 벼리 기, 年 : 해 연

八. 본문 : 三神有引出萬物 統治全世界之 無量智能
　　토 : 삼신유인출만물 통치전세계지 무량지능
　　　　　　不見其形體而 坐於最上上之天所 居千萬億土恒時
　　　　　　불견기형체이 좌어좌상상지천소 거천만억토상시

해설 : 삼신은 만물을 이끌어 나와 있게 하시고 헤아릴 수 없는 지
　　　혜와 능력으로 전 세계를 통치하시며 (창1 : 1,시105 : 7)
　　　그 형체는 보이지 아니하나 그러나 최고로 높고 높은 하늘
　　　처소에 앉아 계시며 온 땅에도 항상 계시도다. (시139 : 8,9).

九. 본문 : 檀君五十年丁巳年 洪水汎濫 民不得息.
　　토 : 단군오십년정사년 홍수범람 민불득식
　　　　　　帝命風伯彭虞 治水定高山大川以 便民居
　　　　　　제명풍백팽우 치수정고산대천이 편민거

해설 : 단군 50년 정사년에 홍수가 범람하여 백성이 쉼을 얻지 못
하더니 풍백(바람 중에 제일 큰바람) 팽우에게 하나님이 명
하사 정한 대로 물을 다스리니 높은 산과 큰 내(川)가 더러
나서 백성이 편하게 살더라. (창8 : 1~5, 시104 : 6~9).

十. 본문 : 則凡天下一切物有若開闢而在
    토 : 측범천하일절물유약개벽이재

해설 : 그런즉 천하의 모든 만물이 개벽(새로운 시대)으로 말미암아
새로운 세상이 되었느니라.

각주 : 神 : 신 신, 有 : 있을 유, 引 : 끌 인, 出 : 날 출, 萬 : 일만 만, 物 : 만물 물,
統 : 거느릴 통, 治 : 다스릴 치, 全 : 온전 전, 世 : 대대 세, 界 : 지경 계, 無 : 없을 무,
量 : 헤아릴 량, 智 : 지혜 지, 能 : 능할 능
見 : 볼 견, 其 : 그 기, 形 : 모양 형, 體 : 몸 체, 而 : 말미암을 이, 坐 : 앉을 좌,
於 : 어조사 어, 最 : 가장 최, 所 : 바 소, 居 : 거할 거, 千 : 일천 천, 萬 : 일만 만,
億 : 억 억, 土 : 흙 토, 恒 : 항상 항, 時 : 때 시, 檀 : 박달나무 단, 君 : 임금 군,
年 : 해 년, 丁 : 고무래 정, 巳 : 뱀 사, 年 : 해 년, 洪 : 넓을 홍, 水 : 물 수, 汎 : 뜰
범, 濫 : 넘칠 람, 民 : 백성 민, 不 : 아닐 불, 得 : 얻을 득, 息 : 쉴 식, 帝 : 임금
제, 命 : 목숨 명, 風 : 바람 풍, 伯 : 맏 백, 彭 : 성 팽, 虞 : 헤아릴 우, 治 : 다스릴
치, 定 : 정할 정, 高 : 높을 고, 川 : 내 천, 以 : 써 이, 便 : 편할 편, 民 : 백성 민,
居 : 거할 거, 則 : 법칙 칙, 凡 : 무릇 범, 切 : 끊을 절, 物 : 만물 물, 有 : 있을 유,
若 : 젊을 약, 같을 약, 開 : 열 개, 闢 : 열 벽, 而 : 말미암을 이, 在 : 있을 재

"九번과 十번의 성경적 해석"

창세기 7장 19~20절에는 "물이 땅에 더욱 창일(漲溢)하매 천하에 높은 산이 다 덮였더니 물이 불어서 오십 규빗이 오르매 산들이 덮인 지라"라고 하여 이 많은 물들을 〈환단고기〉에서는 풍백 평우가 다스렸다고 하나, 성경 창세기 8장 1절에서는 "하나님께서는 사람과 짐승을 권념(眷念)하사 바람으로 땅 위에 불게 하시매 물이 감소하였다."라고 기록하고 있다.

이 상황을 시편 104편 6절부터 9절까지의 기록에는 "옷으로 덮음 같이 땅을 바다로 덮으시매 물이 산들 위에 섰더니 주의 견책으로 인하여 도망하며 주의 우렛소리로 인하여 빨리 가서 주의 정하신 처소에 이르렀고 산은 오르고 골짜기는 내려갔나이다. 주께서 물의 경계를 정하여 넘치지 못하게 하시며 다시 돌아와 땅을 덮지 못하게 하셨나이다."라고 적혀 있다.

그 많은 물들은 어디로 갔는가? 성경은 말한다. 시편 33편 7절에는 "저가 바닷물을 모아 무더기 같이 쌓으시며 깊은 물을 곳간에 두시도다."라고 기록되어 있다. 물을 어찌 무더기 같이 쌓을 수 있으며 깊은 곳간은 어디인가? 욥기 37장 9절과 10절 기록에는 "남방밀실(密室)에서는 광풍(狂風)이 이르고 북방에서는 찬 기운이 이르며 하나님의 부시는 기운에 얼음이 되고 물의 넓이가 줄어지느니라."고 기록되어있다. 물을 무더기 같이 쌓은 것은 남극과 북극의 얼음이며 깊은 곳간은 어디인가? 혹시 해연(海淵)을 말하는 것이 아닐까? 무려 바이티스 해연은 그 깊이가 무려 11,034m라니, 성경은 정말 신기하며 믿을 수 있는 글임은 틀림없다.

6) 성경조상과 환단조상

〈환단고기〉에 나오는 인류 조상에 관한 기록 가운데 윤동중이 기록했다는 〈삼성기 下〉편에 다음과 같은 기록이 있다.

본문 : 人類之祖曰 那般 初與 阿曼相遇之處 曰 阿耳斯庀
　　　인 류 지 조 왈　　나 반　초 여　아 만 상 우 지 처　왈　아 이 사 비

亦稱 斯庀麗阿 夢得天神之敎 而自成昏禮
역 칭　사 비 려 아　몽 득 천 신 지 교　이 자 성 혼 례

각주 : 人 : 사람 인, 類 : 무리 류, 之 : 갈지, 祖 : 조상 조, 曰 : 갈 왈, 那 : 어찌

나, 般 : 돌 반, 初 : 처음 초, 與 : 같을 여, 阿 : 아름다운 언덕 아, 曼 : 끌 만, 相

: 서로 상, 遇 : 만날 우, 之 : 갈지, 處 : 곧 처, 曰 : 갈 왈, 阿 : 언덕 아, 耳 : 귀 이,

斯 : 이 사, 庀 : 다스릴 비, 亦 : 또 역, 稱 : 일컬을 칭, 麗 : 고울 려, 夢 : 꿈 몽, 得

: 얻을 득, 天 : 하늘 천, 神 : 신 신, 之 : 갈지, 敎 : 가르칠 교, 而 : 말미암을 이,

自 : 스스로 자, 成 : 이룰 성, 昏 : 저물 혼, 禮 : 예도 례

해설 : 인류의 조상을 말하면 나반(아담)이며 아만(하와)와 처음으로 서로 만난 곳은 아이사비(에덴동산) 또는 사비러아라.

하나님께서 나반(아담)을 잠들게 하사 아만(하와)을 얻게 하시고 해질 때에 그들이 결혼하였느니라.

여기에 몇 가지 설문(說文)을 붙이면, '나반(那般)'은 '어찌 나'와 '옮길 반'이나 자전의 또 다른 뜻은 그 몸이다. 그리고 '아만(阿曼)'은 '아름다운 언덕 아'와 '끌 만.'이나 자전의 또 다른 뜻은 '아름다운 언덕 아' 자에 만(曼)자는 '살갗이 아름답다.' 라는 뜻이 있으니, '아름다운

여자'라고 볼 수 있을 것이다.

둘이서 처음으로 만난 장소는 아이사비 또는 사비러아다. '아이사비(阿耳斯庀)나 사비려아(斯庀麗阿)'란 지명이며, 아름다운 언덕(땅 또는 동산)이다. 이를 건국(建國)에서는 아사달(阿斯達)이라 칭하였고 이를 성경에 빗대어 본다면 창조의 마지막 날 6일째에 아름다운 에덴 동산에서 아담은 처음으로 하와를 만나 해가 저물어 갈 때 결혼하지 않았는가?

【제 5 장】

민족의 이름과 성경

1) 단일민족(單一民族)한민족이란!

행17 : 26= 인류의 모든 족속을 한 혈통으로 만드사 온 땅에 거하게 하시고.

지금 우리의 주변 강단이나 학자들이나 지식인들의 관념(觀念)에는 단일 민족이란 하나라는 개념에서 한(韓)나라의 개념으로 또는 한(恨)이 많은 민족으로 본뜻을 오도(誤導)하므로 단일 민족의 참 의미가 손상될 우려가 있음이 안타깝다.

단일 민족이란 이름의 참 의미는 성경 사도행전 17장 26절과 27절에서는 '인류의 모든 족속을 한 혈통으로 만드사 온 땅에 거하게 하셨다.' 라고 밝힌 것과 같이 하나님이 인류를 창조할때 한 혈통으로 창조함과 그 목적은 이후 사람이 하나님을 잊었을 때 하나님을 찾을 수 있는 통로 역할을 할 것으로서 한 또는 하나인데 나라(國) 한(韓)이나 한(恨)이 많은 한(恨)으로만 이해한다면 이 통로는 막히고 훼손되고 말 것이 아닌가. 지금 많은 학자들의 민족의 개념을 생김, 언어, 글자, 몸짓, 생물학적 동일성만 강조하면서 계통성이나 계보 혈연과 같은 단일성을 배제(排除)한다면 우리의 역사는 토막 나고야 말 것이라고 본다.

※지구촌의 단일민족이란 개념은 기독교 상의 중요한 문제일 것이며 기독교 지도자들은 깊이 인식 하여야 하리라 본다.

2) 백의민족(白衣民族)이란!

창3 : 21= 여호와 하나님이 아담과 그 아내를 위하여 가죽옷을 지어 입히시니라.

우리 민족의 복식(服飾= 입을 복. 꾸밀 식) 문화를 연구하는 수많은 학자들은 우리 민족의 복식문화는 찬란하며 화려한 채색 문의의 복식이라고 주장한다. (참조 : 그림12)

백의(白衣)가 널리 형성된 과정은 문익점(1329~1398)의 목화씨로 말미암아 목화의 생산성이 향상하므로 백성들은 질 좋은 목화로 복식 문화가 이루어지고 그 여파로 흰옷을 즐겨 입게 된 것으로 보이나 이것이 우리 민족을 백의민족이라고 부른 근본 뜻은 아니다.

백의민족이란 '성경 창세기 3장 21절의 말씀에 인류 시조 아담과 하와에게 가죽옷을 지어 입히시다.'의 그 가죽옷은 양의 털옷이며 양의 털옷은 흰옷이다. 이것이 백의민족이다.

그러나 우리 민족의 정서에는 인류 최초의 복식(服飾)이었던 백의(白衣)는 잊히질 아니하고 기억됐던 것이 고려 말에서부터 시작하여 조선 왕조 때에 목화의 대량 생산으로 우리의 조상들은 흰옷을 즐겨 입었던 것이다.

그리고 동방의 음양오행설에서 주장하는 색(色)에 대한 주장은 '동방은 청색이며 흰색은 서쪽을 가리킨다.'라고 하니 음양오행설에 비추어 본다면 우리 민족은 서쪽에서 왔기 때문에 흰색을 선호한다. 라는 결론에 이른다. 서쪽은 아담 하와가 나왔든 서쪽 편에 있는 에덴이며 그곳에서 처음으로 입었던 옷은 양의 털옷인 흰옷이며 우리는 그의 후손으로서 백의민족인 것이다.

그림 12= 복식문화 : 채색의

고구려 고분벽화(안악 3호분)

* 세계문화유산(고구려 고분벽화=안악3호분)6p=발췌

그림13= 복식문화 백의(白衣)

3) 배달민족(倍達民族)이란!

환웅이 세웠다는 나라 이름(환단고기)

배달이란 어원의 실체가 정립되지 못하므로 수많은 설이 난무한 가운데 하나의 예는 배달을 박달로. 또는 밝다로, 박달나무를 배달나무로 또는 밝다 나무로. 태백산을 밝은 큰 산으로 하는 어원의 유래나 어문 법칙에 따라 해석한다고 하니 명분은 있을지 모르지만 명확하지 못함은 또한 사실이다.

배달(倍達)이란 한자의 뜻 그대로 해석한다면

倍= 곱 배자는 곱이다. 배다. 많다. 는 뜻이며 또는 헤어지다. 갈라서다. 등지다. 배반하다. 라고도 쓰인다. 그러나 한자 해석에는 어디를 보아도 밝다. 라는 의미를 주는 곳은 찾을 수 없다.

達= 통달할 달 자다, 통하다, 보내다. 이르다. 다다르다. 천거하다. 새로 나다. 등등으로 쓰인다.

달자를 파자하면 (達= 土 + 羊 + 辶) 이와 같고 또 파자의 뜻을 정리하면 땅(土)을 찾아 양(羊)과 함께 가(辶)다.

※ "달" 자의 우리말은 땅을 말한다. 예를 들면 우리의 말에 음달(陰達)과 양달(陽達)이란 말이 있는데 음달은 음지쪽의 땅을 양달은 양지쪽의 땅을 말하는 것이며 달(達) 자의 파자 토(土)는 땅을 말한다. 단군이 도읍을 정한 곳 그 땅 이름을 '아사달'이라는 달자도 땅을 지칭하는 말이다. 상기의 한자 배달이란 뜻은 많은 백성들이 많은 땅을 찾아 양과 함께 어느 한 땅에 이르다. 또는 나타나다. 이란 말이 된다.

성경으로 정리한다면 배달민족이란 에벨의 두 아들 벨렉과 욕단은 서로 논의하여(통하여) 욕단의 자녀는 벨렉의 자녀보다 배(倍)로 많은 13명의 자식들과 권속(眷屬)들이 양을 거느리고 스발로 가는 동편 산 어딘가로 이주하여 넓은 땅에 정착한 곳을 이르는 단어라고 볼 수 있을 것이다. (참조 : 창10 : 25~32) 또한 그들이 목축업이었다면 농경업 보다는 더 많은 땅이 필요하므로 그들을 일러 배달(많은 땅)이며 그들이 곧 우리의 조상 배달민족이 아닐까?. 라고 생각한다.

배달의 우리말은 많다는 배자와 땅이라는 달자가 합하여 만들어진 넓은 땅을 말하며 우리 조상이 통제한 고조선은 중원을 포함한 동서 3만리라니(단재 신채호 선생) 과연 배달이라 할 수 있을 것이다.

각주 : 단재 신채호 선생 : (1800~1936)
일제강점기의 독립운동가·사학자·언론인 《황성신문》, 《대한매일신보》 등에서 활약하며 내외의 민족 영웅전과 역사 논문을 발표하여 민족의식 앙양에 힘썼다. '역사라는 것은 아(我)와 비아(非我)의 투쟁이다.'라는 명제를 내걸어 민족 사관을 수립, 한국 근대사학의 기초를 확립했다.

4) 동이족(東夷族)이란!

학술적 고증이나 세간에서 불리는 동이족은 오랑캐다. 또는 큰 활을 사용하는 민족이라고들 하나 우리의 민족성에는 부합(符合)되지 못하다.

학술적 고증(考證)(한국고중세사사전, 2007. 3. 30. 가람기획)

"동이족이란! 중국인들이 주변 민족들을 지칭하면서 동북지역에 살고 있던 우리 조상들에게 붙인 명칭으로 중국의 고대문헌에는 동이족에 대한 언급이 많다. 은나라 때부터 중국의 한족과 관계를 맺고 있으며, 은으로부터 대대적인 정벌을 당하기도 한다. 동이족의 초기 거주지는 중국의 산해관 이남 황하 하류 지역이었으며, 점차 한반도 지역으로 생활 근거지를 이동한 것으로 보인다. 〈설문해자(說文解字)〉에 의하면 이(夷)는 큰 활과 관련되어 있다고 하고 있어 우리 민족이 활을 잘 다루는 민족임을 말하고 있다."

한자적 고증(考證)

東= 해가 뜨는 방향을 말하며 지역으로는 해가 먼저 떠오르는 지역을 말한다.

① 夷= 자전(옥편)에서 뜻을 설명하는 것은 다음과 같다.

'大也(대야) : 큰 이' '平也(평야) : 평평할 이' '衆也(중야) : 무리 이' '陳也(진야) : 늘어놓을 이' '悅也(열야) : 기쁠 이' 전기(前記)의 뜻을 종합하여 풀이하면 이(夷)란 크고(大) 평평(平)한 땅에 많은 무리(衆)가 퍼져서 기쁘(悅)게 사는 족속을 일러 이(夷)라고 하는 뜻이 된다.

② 夷= 東方蠻人(동방만인)이란 동쪽 오랑캐란 뜻인데 이것은 중국의 화이사상(華夷思想)에서 비롯된 병폐다. 자기 나라를 제외한 사방의 민족을 폄하하여 남만(南蠻). 남쪽 오랑캐. 북적(北狄) : 북쪽 오랑캐. 서융(西戎) : 서쪽 오랑캐. 동이(東夷) : 동쪽 오랑캐라 하면서

그들이 잘못된 사상에서 사용하든 오랑캐 이(夷)자를 우리는 그대로 받아들인 것이다.

파자 해설

① 夷= 【大(큰 대)+弓(활 궁)】

큰대 자와 활 궁자가 합한 글자이니 큰활을 잘 다루는 족속이다. 라고 한다. 일리는 있는 말이다 옛 우리 조상들의 그림 중에 활을 다루는 그림이 많으며 대표적인 그림이 고분 벽화의 '무용총 수렵도'이다. 그러나 이것이 근원은 아니다.

② 弓= 자전= 量地数(량지수)= 땅재는자 궁

　　　상형자다. 먼 길을 상형한 것이다.

설문해자= a. 窮也(궁야) : 다 잰다는 뜻.

　　　　　b. 近窮遠者(근궁원자) : 가까운 땅에서부터 먼 곳까지 땅을 재다. 라고 할 수 있으나 또 다른 뜻은 가까운 땅에서부터 먼 땅까지 가다라고 할 수 있다. 그 땅은 유라시아의 3대 동서 간선로인 초원로를 통하여 이동하여 그들의 땅이 된 넓은 초원에 이르렀다면 근궁원자(近窮遠者)라 하지 아니하겠는가?

大= 자전= 小之對(소지대)= 큰 대.

설문해자= 天大 地大 人亦大焉 象人形
　　　　　천대　지대　인역대언　상인형

하늘도 위대(높다)하고 땅도 위대(넓다)하고 또 사람도 위대(많다)

하다 대(大)자는 사람 또는 많은 사람이다. 라는 뜻으로 풀이된다.
먼 길을 상형한 弓(궁)자와 넓은 땅과 많은 사람으로 설문한 大(대)자
를 합하여 주석 한다면 많은 사람들이 먼 길을 와서 넓은 땅에 오다.
그들은 서에서 동으로 온 동이족이며 거주지는 넓은 지역이고 많은
사람 이였음을 글자로서 알 수 있다. 실제로 동이족의 거주 경계는 넓
은 지경이었다. (참조 : 배달민족)

5) 홍익인간(弘益人間)이란!

홍익인간이란 널리 인간을 이롭게 한다.라고 해석 하는가하면 어떤
학자는 사람이사는 땅을크게 더한다라고 해석 하는 부류도 있다. 그
러나 홍익인간의 참뜻은 인간을 번성시켜 세상에 널리퍼지게 하라는
뜻이며 이것을 성경창세기1장28절에서는 "하나님이 그들에게 복을 주
시며 그들에게 이르시되 생육하고 번성하여 땅에 충만하라 땅을 정복
하라"는것과 창세기9장7절"너희는 생육하고 번성하여 땅에 편만하여
그중에서 번성하라"는 뜻이된다.

한자풀이

홍(弘) : 넓을 홍=넓다, 넓히다.

익(益) : 더할 익=더하다. 많다.

인(人) : 사람 인=사람, 사람들.

간(間) : 사이 간=이것과 이것사이. 틈새.

앞에서 살펴본 단군 사상과 민족 명칭의 내용에는 많은 전문성과 객관성을 최대한 이용 하였으나 고증이나 실증 즉 증거나 학술적 논문에 의한 증거 부족에는 주관성도 삽입된 바 있음을 토로하니 여기에 대한 학술적 해답은 기독교의 목사님들과 학자분들의 몫이며 또한 이 내용을 정독하고 계신 독자 여러분의 몫이기도 하다. 우리 조상의 뿌리가 명백히 밝혀지기를 심히 고대하는 바이다.

요즘은 멍멍이도 족보가 없으면 천하게 취급받는 세상에 만물의 영장인 우리의 족보야 더하지 아니하겠는가?

나는 영적으로는 아브라함이 믿음의 조상이지만, 육적으로는 아담과 노아의 후손으로서 우리를 통틀어 셈족이라 하기보다는 구체적으로 우리 민족의 족보를 밝혀 우리 조상들이 섬기던 그 신은 지금 우리가 섬기는 하나님이시며, 한자를 창제한 동이족(東夷族)의 하나님, 벨렉과 욕단의 하나님, 에벨의 하나님, 셈의 하나님, 노아의 하나님, 아담의 하나님 그 하나님, 곧 한자를 창제한 조상님께서 섬기고 제사했던 그 천신(하나님)은 나의 창조주요, 내 조상의 창조주요, 우리를 창조하신 창조주를 확인하기를 원한다. 왜냐고 묻는다면, "그러해야만 우리의 창조주를 믿지 않는 그들과 우리의 종교가 없어서 서양종교를 믿느냐 라든지 기독교는 남의 나라에서 수입한 야훼를 한복을 입혀서 하나님이라고 이름 붙여 섬기고 있다고 주장하면서 한국인의 하나님 한국인의 그리스도를 발견하여 한국 기독교를 만들자고 주장하는 그들에게 우리가 믿는 창조주 하나님은 남의 종교가 아닌 우리 조상들이 섬기든 창조주 하나님이시다. 라고 담대히 대답하여야 하지 아니하겠는가?.

우리의 족보는 어디로 갔나?

추정하건대 벨렉과 욕단은 언어가 혼잡게 된 상태에서 헤어졌고 그들이 살 곳을 찾은 곳에 정착하여 그들 나름대로 소통의 수단으로 언어구상과 글자를 창제하면서부터 그들의 후손에게 전할 그들의 역사와 족보를 구상하여 남기면서 중동지역의 벨렉 자손들은 히브리어의 뜻에 기준한 이름으로 엘로힘(야웨)으로부터 아담-노아-셈-벨렉-아브라함으로 전하여지고 한편 동방으로 이동한 욕단의 후예들은 그들이 창제한 한자어의 뜻에 기초한 이름으로 하나님을 환인으로 아담을 환웅으로 노아를 단군으로 셈을 왕검으로 이어 오늘에 이르지 아니하였겠는가?

【제
6
장】

고장 난 지구(666)

1) 태양계의 변화

고서인 〈회남자〉 "천문훈" 한 편에 다음과 같은 글이 실려 있어 소개한다. 우리가 한문을 배우게 되면 '추구집'이란 시성을 접하게 되는데, 그 글귀의 한 소절이 떠오른다.

"천경서북변(天傾西北邊)이요, 지비동남계(地卑東南界)라."

이 글귀는 아래 있는 글귀를 줄여서 시성(詩性)한 것인데, 설명하면 '하늘은 서북 방향으로 기울어져 있고 땅은 동남쪽으로 낮아져 있다.'라고 하였다.

〈회남자〉 천문훈에 실린 본문은 다음과 같다

본문 : "天柱折 地維絕 天傾西北邊 故日月星辰移焉
천 주 절 지 유 절 천 경 서 북 변 고 일 월 성 진 이 언
地不(卑)滿東南故水潦塵埃歸焉"
지 불 비 만 동 남 고 수 료 진 애 귀 언

각주 : 天 : 하늘 천, 柱 : 기둥 주, 折 : 꺽을 절, 地 : 땅 지, 維 : 밧줄 유, 絕 : 끊을 절, 傾 : 기울 경, 西 : 서녘 서, 北 : 북녘 북, 邊 : 가장자리 변, 故 : 옛 고, 星 : 별 성, 辰 : 때 진, 移 : 옮길 이, 焉 : 어찌 언, 不 : 아닐 불, 卑 : 낮을 비, 東 : 동녘 동, 南 : 남녘 남, 水 : 물 수, 潦 : 큰비 료, 塵 : 티끌 진, 埃 : 티끌 애, 歸 : 돌아갈 귀

본 내용 을 직역하면, "옛날에 하늘을 받치고 있던 기둥이 꺾어지고 땅은 달아놓았든 밧줄이 끊어지니 하늘은 서북쪽으로 기울어지고 해와 달과 별과 시간도 옮기어지고 땅은 동남쪽으로 기울어지니 큰비(潦 : 큰비 료)가 내려 물로 말미암아 세상의 세속된 (塵埃 : 참조= 시90 : 3) 것들을 모두 돌려보내다. 이 말의 내용은 노아의 홍수 사건을 말한다.

〈회남자〉 "천문훈"에 실려 있는 내용의 이야기를 사기(史記)와 사마정보(司馬貞補) 삼황본기(三皇本紀)의 기록에는 아득히 먼 옛날, 지금으로부터 5~6천 년 전에 중국의 대지에는 동쪽에는 이족(異族), 서쪽에는 강족(羌族), 남쪽에는 묘족(苗族), 북쪽에는 적족(狄族)이 각각 살고 있었다. 그런데 남쪽의 부족과 북쪽의 부족은 별로 두각을 드러내지 못하고, 주로 동쪽의 부족인 이족과 서쪽의 부족인 강족이 주도권(主導權)을 장악해 왔다.

그중에서도 동쪽 이족(동이족)에서는 '치우'라는 유명한 두령이 있었는데, 그는 네 개의 눈과 여섯 개의 손과 구리로 된 머리, 쇠로 된 이마를 가진 요괴스런 모습을 하고 있으면서, 사람의 말을 하고 모래나 돌을 먹으며 쇠(金)로 된 무기(武器)를 지니고 다니며, 심지어 안개를 뿜어내는 재주가 있었다. 한편, 서쪽의 강족은 황하 중류에 살고 있었고, 그 강족에는 '공공'이라는 두령이 있었다고 한다. 그런데 공공이 이끌고 있는 강족은 이따금 홍수를 일으켜 하류에 살고 있는 이족을 괴롭혔다. (황하강은 서쪽에서 동쪽으로 흐름)

이에 참다못해 화가 난 이족(동이족)의 우두머리 치우는 강족을 찾아가서 자기의 특유인 안개를 뿜으면서 공공의 부족들을 단번에 두들겨 부수고 말았다. 이 사항을 지켜본 공공은 대항(對抗)도 하지 못하고 당했는데, 이에 화가 난 공공은 치우의 위세에 덤비지도 못하고 분하여서 분풀이로 공공의 머리로 부주산을 들이받았다. 그러자 '하늘을 떠받치고 있던 기둥이 부러져 버리고, 땅을 얽어매고 있던 사슬이 끊어지면서 하늘은 서북방향으로 기울어지고 땅은 동남쪽으로 낮아졌다.' 라고 기록하고 있다.

이 이야기는 허구(虛構)라 하겠지만, 원문은 그 누구도 부정하지 못할 것이며 그 어떤 글에서도 찾아볼 수 없는 지구를 포함하여 천체의 행성들이 삐뚤어짐 (참조 : 그림14 과 성경의 홍수사건을 정확하게 기록되었으며 우리에게 던지는 메시지는 매우 크다.)

난외주-회남자 저자= 유안(劉安) B.C.179~122-

〈유안(劉安)은 한나라 태조 유방(劉邦)의 손자이며 회남왕으로서 많은 빈객(賓客)과 방사(方士)를 두어 학문을 중시하여 많은 서책을 남겼고 그중 회남자 천문훈의 우주론은 불가사의한 글이라 보인다.〉

이 메시지는 분명 하나님이 지구를 창조하실 때에는 지금과 같이 비뚤어진 지구를 창조하지 않았고 또한 이 이야기는 본래의 지구는 오늘날의 지구와 같은 비뚤어진 지구가 아니었음을 회남자의 저자인 유안(劉安)은 말한다.

과연 질서의 하나님이 아니신가? (고전14 : 40)

명심보감 천명편에는 말하기를

惡罐(악관)이 若滿(약만)이면 天必誅之(천필주지)이라는 말이 있다.

악이 그릇에 가득 차면 하늘이 반드시 벌을 내린다.

이것이 성경 창6 : 5~7절의 노아 홍수사건이며 이것을 2500년 전의 고서에서는 홍수사건을 다음과 같이 기록하고 있다.

"天傾西北邊 故日月星辰移焉 地不(卑)滿東南故水潦塵埃歸焉"이라
천 경 서 북 변 고 일 월 성 진 이 언 지 불 비 만 동 남 고 수 료 진 애 귀 언

기록했고 이때 지구뿐만 아니라 태양계의 해와 달과 별들도 기울어지면서 시간(辰)도 변동되었으며 특별한 것은 왜 지구는 기울어진 각도

가 23.4도 즉 66.6도라는 것이다.

각도 수치 단위를 도에서 부로 고치면 234부 또는 666부가 된다.

그림 14= 태양계의 이동 日月星辰移焉(일월성신이언)

수성	금성	지구	화성	목성	토성	천왕성	해왕성	명왕성
0.1	17.7	23.4	25	3	27	95	30	120

2) 나무꾼과 지구본

성경에는 다음과 같은 기록(記錄)이 있다. "창세로부터 그의 보이지 아니하는 것들, 곧 그의 영원하신 능력과 신성이 그 만드신 만물에 분명히 보여 알게 되나니 그러므로 저희가 핑계치 못하리라(롬1 : 20)."

하나님께서는 창조 사업을 마치시면서 토로(吐露= 속마음을 다 더러 내어서 말하는 것)하시기를, "그 지으신 모든 것을 보시니 심히 좋았더라(창1 : 31)." 지금도 이러하였으면 얼마나 좋을까?

그러나 지금처럼 쓰나미, 태풍, 지진, 홍수, 우박 등 온갖 재앙(災殃)이 쏟아지는 불안한 세상에서 어떻게 하나님을 찾을 수 있단 말인가? 우리가 살아가는 이 지구는 고장이 나도 단단히 났다.

여기에서 재미있는 이야기 하나를 들려 드리려고 한다.

어느 산골에서 일자무식으로 평생을 나무를 베어서 시장에 팔아

살아가는 한 나무꾼이 있었다. 하루는 자기 아들이 학교에서 돌아와서는 아버지께 부탁을 한다.

"아부지(아버지의 사투리), 학교에서 말하는데 지구본이라는 것을 사오라고 합디다."

"그래, 아부지 나무 갖다 팔아서 사다 줄게."

다음 날, 나무꾼은 나무를 지게다가 지고 가서 팔아서 아들이 사오라는 지구본을 사러 갔다. 문방구에 들른 나무꾼은 문방구 주인에게 묻는다.

"주인장 지구본이란 것이 있소?"

이에 문방구 주인은 나무꾼에게 말한다.

"예, 저 안에 들어가면 둥근 공처럼 생긴 것이 있는데, 그게 지구본이라는 것이오. 마음에 드는 놈 하나 딱 골라 오시오."

그런데 조금 있더니 나무꾼이 주인장을 부른다.

"주인장! 여기 지구본이란 놈들, 전부 다 불량품(不良品)들이요. 주인장은 왜 요런 불량품을 파는 거요?"

하면서 다그친다. 문방구 주인은 하도 어이가 없어서, "아니요, 그게 정품이요." 하고 대답했지만, 그래도 알아듣지 못한 나무꾼 집에 돌아와서 아들에게 말한다.

"지구본을 사러 갔는데, 전부 다 불량품만 있더라. 전부 다 삐뚤어져서 안 사왔다."

그러자 아들이 말한다.

"아부지, 그게 불량품(不良品)이 아니고 지구가 고장이 나서 삐뚤어진 그대로 만든 것이에요"

3) 삐뚤어진 지구

그 말이 맞다. 지금 지구는 고장(故障)이 나서 기울어져 있다.

"하나님이 보시기에 심히 좋았더라(창1 : 31)." 했던 아름답고, 사람과 생명체가 살기 좋았던 지구가 언제 어떻게 해서 이렇게 고장이 났을까?

창세기 3장 17절 18절 "땅은 너로 인하여 저주를 받고 너는 종신토록 수고하여야 그 소산을 먹으리라. 18절 땅이 네게 가시덤불과 엉겅퀴를 낼 것이라." 여기서부터 고장이 시작되는 것을 볼 수 있는데, 이때는 고장의 시작이라 땅에는 가시덤불과 엉겅퀴가 나기 시작하면서부터이다. 이때의 현상을 엘렌 화잇의 글에는 다음과 같이 기록하고 있다. "노아 당시에는 아담의 범죄와 가인의 살인죄 결과로 지상에는 이중의 저주가 내리고 있었다. 그러나 이 저주는 천년계의 표면에는 큰 변화를 가져오지 않았다."

결정적 고장은 노아가 600세 되던 해에 홍수의 시작으로 지구의 고장은 절정에 달했고, 겨우 사람이 살 수 있을 정도로 고장이 났다. 이때 발생한 몇 가지 사항을 살펴보면, 첫째가 지표면의 변화(變化)이고, 둘째가 기후(氣候)의 변화이고 셋째는 시간과 때(일자 : 360에서 365.1/4일)의 변화이다.

지표면의 변화는 홍수전에는 높은 산이나 깊은 바다가 아니었는데, 홍수로 말미암아 산은 높아지고 바다는 깊어졌다. 그리고 기후의 변화로는 운(雲)·우(雨)·풍(風)이 생겨나고, 추위와 더위가 이때에 생겨났으며, 성경 창세기 8장 22절에는 "땅이 있을 동안에는 심음과 거둠과 추위와 더위와 여름과 겨울과 낮과 밤이 쉬지 아니하리라."고 기록되었다. 홍수 전 창조 때에는 창세기 1장 14절에는 "하나님이 가라사대 하늘의 궁창(穹蒼)에 광명(光明)이 있어 주야(晝夜)를 나뉘게 하라.

또 그 광명으로 하여 징조(徵兆)와 사시와 일자와 연한이 이루라."고 나와 있는 것처럼 이때는 추위와 더위가 없는 아름다운 세상이었다.

그럼 왜 추위와 더위가 일어나는가? 하나님이 세상을 창조하실 때에는 지구의 축을 바르게 하여 자전과 공전이 바르게 돌아가면서 일자와 연한이 순조로웠지만, 죄(罪)의 무게를 지탱하지 못한 지구의 축은 죄의 무게로 말미암아 기울기 시작했고, 그 결과로 하늘에 올려놓았던 물은 땅으로 다시 내려와 대홍수를 맞게 된 것으로 보인다.

따라서 지구의 밤과 낮의 길이는 일정하지 못하게 되었고, 공전은 타원형으로 변하면서 추위와 더위가 찾아오게 된 것으로 본다. 또 이 것은 고전에서도 확인 한 바이다.

또 하나 재미있는 사실은 지구축이 기울어졌다면 얼마나 기울어졌으며, 기울어진 각도의 수치에 담긴 의미이다.

분명 이유가 있다. 지구축의 기울어진 각도를 통상 우리가 알기에는 23.5도라고 알고 있고, 또 강단에서 그렇게 가르치고 또 이야기한다. 그러나 좀 더 정확하게 말한다면, 지구축의 기울어진 각도는 23.444라고 천문학자들은 말한다. 그러므로 23.5도보다는 23.4도가 더 정확하다고 보아야 할 것이다.

그렇다면 23.4도가 의미(意味)가 있는가? 대단한 의미가 있다. 성경에는 이 지구의 주인인 임금을 소개한다.

요한복음 12장 31절 "이제 이 세상의 심판(審判)이 이르렀으니 이 세상 임금이 쫓겨나리라.", 16장 11절에도 "이 세상 임금이 심판을 받는다."라고 기록하고 있다.

여기에서 '이 세상 임금'이란 누구를 말하는 것인가? 분명 마귀 사탄을 지칭(指稱)하는 것이라고 볼 것이다.

다시 누가복음 4장 5~6절의 기록에 보면, 이와 같은 사실은 더욱 분명해진다. "마귀가 또 예수를 이끌고 올라가서 순식간에 천하만국을 보이며 가로되 이 모든 권세와 그 영광을 <u>내가 네게 주리라</u>

이것은 내게 넘겨준 것이므로 나의 원하는 자에게 주노라."

무슨 말인가? 이 지구는 원래는 자기 것이 아닌데 내가 넘겨받은 것이니 내 것이 되었다. 라고 말하는 것 아닌가. 그래서 요한복음에서는 '이 세상 임금'이라 칭했고, 그 마귀의 말대로라면 넘겨받은 이 지구에다 자기의 표를 하고 소유권 행사를 하는 것이다.

그렇다면 여기에서 '자기(마귀)의 표'가 무엇인가?

4) 지구와 666

"인(印)"과 "표(標)"란 무엇인가?

인(印)이란, 도장(圖章)이며 자기를 대신하여 인정할 수 있는 일정한 표적이나 이름을 나무나 돌이나 뿔 또는 금속에 새겨 만든 물건을 말한다.

표(標)란, 의사 전달이나 행위나 이용의 권한과 책임을 나타내는 어떤 표식이나 증거물을 말한다.

계시록 13장 16절부터 18절에서 알아보자. "저(마귀)가 모든 자, 곧 작은 자나 큰 자나 부자나 빈궁한 자나 자유한 자나 종들로 오른손에 나 이마에 표를 받게 하고 누구든지 이 표를 가진 자 외에는 매매를 못 하게 하니, 이 표는 곧 짐승의 이름이나 그 이름의 수라. 지혜가 여기 있으니 총명 있는 자는 그 짐승의 수를 세어 보라. 그 수는 사람의 수니 666이라."

마귀의 표는 666이다. 그럼 이 표를 분명 자기의 소유물에 찍었고 또 찍을 것임이 분명할진대, 이 지구를 자기의 소유물이라 주장한다면 이 지구 어딘가에 분명 찍어 놓았을 것이다. 그렇다면 어디쯤에 찍어 놓았을까? 더듬어 보자.

수학 공식으로 접근하면, 앞에서 언급한 것과 같이 홍수 전의 지구 상태는 바른 축에서 원형(圓形)으로 돌아갈 때에는 일자와 연한과 계절이 일정하게 진행되었을 것이고. 일기도 변동(變動) 없이 쾌적한 상태로 인간이 살았을 것이다. 그러나 죄의 무게로 말미암아 지구의 축은 23.4도로 기울어지고, 자전과 공전은 변화를 일으켜(공전은 타원형으로 돌게 됨) 원치 않은 추위와 더위가 찾아온 것이다.

어린 시절, 팽이를 돌리는 놀이를 한 기억이 있을 것이다. 그 팽이가 직선으로 서서 돌 때와 축(築)이 비스듬히 해서 회전할 때를 분간할 수 있을 것이다. 직각으로 바로 서서 돌 때는 소리도 없이 떨림도 없이 잘 도는 대신, 팽이의 축이 바르지 못할 때는 소리도 나고 털털거림을 보았을 것이다. 직선으로 돌던 팽이도 힘이 약해지면 축이 중심을 잃어서 나중에는 쓰러지는 경험을 한 적이 있으리라 본다.

＊ 축 기울기 각도 계산

직각= 90도를 부로 계산하면 900부이고, 지구 기울기 23.4도를 부로 계산하면 234부가 된다.

'900−234= 666'이 되며, 현재 지구의 축이 900부가 되어야 정상인데 지금은 666이다. 그러므로 지금 이 지구의 주인은 바로 '마귀며 사탄'이라고 성경은 기록하며 그 주인의 표는 지구 축 기울어짐의 666이 표가 되는 것이다.

그림13에서 보면 모든 행성들이 비뚤어져 있지만 666은 아니다 과연 우연한 일치일까? 판단은 독자 여러분의 몫이다.

(참고Ⅰ : 여기 666의 짐승의 표를 논하는 것은 성경 연구나 예언(豫言)의 연구가 아니므로 비카리우스 필리이 데이니 게마트리아에 의한 숫자 해석방법이라든지 교황(敎皇)의 삼중관에 글자가 있느니 없느니 하는 논쟁보다는 기독교인들은 하나님을 믿는 믿음에 한 발짝 다가가는 디딤돌로 삼자는 것이다.

참고Ⅱ : 지구축의 기울어짐에 관한 여러 견해)

① 비뚤 림 창조설

하나님이 세상을 창조하실 때 지구의 축이 비뚤어지게 창조하였다고 주장 하는 설은 성경에는 근거가 없으며 고린전서 14장 40절에는 "모든 것을 품위 있게 하고 또 질서 있게 하라." 〈킹제임스〉 고 하신 하나님께서 비뚤어지게 창조하시겠는가? 화잇 저서 교육 132페이지에서는 "모든 세계를 공간에 달려 있게 하고, 우주 만물을 질서정연(整然)하게"라는 것이 창조설이라면 지축은 불변일진데 현재 세차운동의 지축 변화는 어떻게 설명될 것인가?

② 성경 노아홍수 사건 때 지축 변화설

성경에는 1번이나 2번의 주장에 관한 명확한 증거의 성경 절은 찾아볼 수 없다. 그러나 1번보다는 2번이 더욱 성경적이라고 주장 할 수 있는 근거는 첫째 창세기 1장 14절의 창조 때의 사시는 있으나 기후변화가 없었으며 창세기 8장 22절에 "땅이 있을 동안에는 심음과 거둠과 추위와 더위와 여름과 겨울과 낮과 밤이 쉬지 아니하리라."는 기후변화와 둘째 황도(공전 궤도 타원형)의 365와 ¼일과 천구의 적도(공전궤도 정원)의 360일의 차이와 셋째 이사야 48장 13절에 "내 손이 땅의 기초도 놓았으며. 내 오른손이 하늘들을 폈나니 내가 그들을 부르면 그들이 함께 일어서느니라(킹제임스)." 이 성경 말씀은 땅과 하늘들은 하나님이 부르시면 일어설 것이란 말에 땅과 하늘은 무엇을 말하며 일어서리란 것은 어떤 형태든 누워있다는 것이며 지금은 바로서 있는 것이 아니라면 언제 뉘어졌는가?. 하나님이 천지창조 때에 비뚤어지게 창조하셨다면 일으켜 세울 필요는 없을 것이 아니 겠는가?

그림= 15 지축 변화에 따른 공전궤도

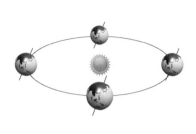
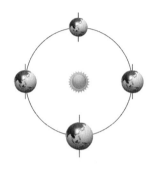

지축 23.4도 (타원형):1년 365.4/1일   지축 정립(정원):1년 360알

③ 자연 발생적 변화설(세차운동)

1988년 12월 14일 자 KBS 제1 방송프로 그램〈지구대기행 8편 빙하 시대의 도래〉에서는 지구축의 기울기 변화는 4만 년의 주기로 커졌다, 작아졌다 한다. 라고 했으며 1998년 5월 13일 자 동아일보 기사에는 자전축의 기울기 자체도 4만 1천 년의 주기로 최저 21.5도에서 최고 24.5도까지 바뀐다.〈김홍중기자〉는 과학자들의 주장이다.

①번 주장이 맞는다면 세차운동의 과정을 어떻게 설명할 것인가?

각주 : 지축변화의 과학적 발견은 1766년 독일의 천문학자 수학교수인 티티우스가 우주의 행성 간의 거리를 측정하는 연구를 하던 중 지구축의 기울어짐을 추정했고 이후 1772년에 베를린 천문대장 보데에 의해 실증되었다고 함.

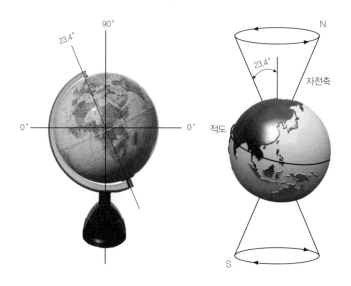

5) A/S맨

학자들은 말하고 있음을 우리는 듣고 있다.

"이 세상이 이대로는 못 간다."라고 학자들은 이구동성으로 외치고 있으며, 시중 서점에서는 지구의 종말(終末)에 대한 책들이 홍수처럼 쏟아지고 있는가 하면, 지구 종말의 시계는 5분 전을 가리키고 있다.

이때 우리는 어디에 희망을 걸어야 하나. 인터넷에 떠도는 한 이야기를 실어 본다.

한 젊은이가 길가에 서 있다. 이 젊은이는 지나가는 차를 세워 물어본다.

"당신은 지금 어디 가는 길이요?"

"저 위 산으로 가는 길이요."

가는 이유를 묻자, 그는 대답한다.

"이 세상이 낡아서 멸망(滅亡)이 다가오는데 젊은이는 여기에 그냥 있을 것이요?"

젊은이는 다시 묻는다.

"그럼 당신은 이 세상 지구의 멸망을 막으려는 거요?"

이에 그는 "이 세상 멸망을 막을 수만 있다면 얼마나 좋을까?"라고 대답하며 한숨을 쉰다.

그러하다. 이 세상 멸망은 그 누구도 막지 못한다. 그러나 단 한 사람이 있다. 그가 바로 예수 그리스도시다.

이사야 58장 12절에는 "네게서 날 자들이 오래 황폐(荒廢)된 곳들을 다시 세울 것이며 너는 역대의 파괴(破壞)된 기초를 쌓으리니 너를 일컬어 무너진 데를 수보하는 자라 할 것이며 길을 수축하여 거할 곳이 되게 하는 자라 하리라."고 기록했다.

또 이사야 48장 13절에는 "과연 내 손이 땅의 기초를 정하였고 내 오른손이 하늘을 폈나니 내가 부르면 천지가 일제히 서느니라."고 기록하고 있다. 다시 지구의 축은 직각으로 서니 새로운 세상이 된다는 말인가? 새로운 세상이 다시 만들어질 것을 바라본 사도 요한은 아름다운 새 세상을 계시록에 다음과 같이 기록한다.

"또 내가 새 하늘과 새 땅을 보니 처음 하늘과 처음 땅이 없어졌고 바다도 다시 있지 않더라. 또 내가 보매 거룩한 성 새 예루살렘이 하나님께로부터 하늘에서 내려오니 그 예비(豫備)한 것이 신부가 남편을 위하여 단장한 것 같더라. 내가 들으니 보좌에서 큰 음성이 나서 가로되, 보라 하나님의 장막이 사람들과 함께 있으매 하나님이 저희와 함께 거하시리니 저희는 하나님의 백성이 되고 하나님은 친히 저희와 함께 계셔서 모든 눈물을 그 눈에서 씻기시매 다시 사망(死亡)이 없고 애통(哀痛) 하는 것이나 곡(哭)하는 것이나 아픈 것이 다시 있지 아니하리니 처음 것들이 다 지나갔음이라(계21 : ~4~18, 22 : 5)."

어디 이것뿐이겠는가? 길은 정금이요, 바다는 유리바다에 12 보석으로 꾸민 열둘의 진주(眞珠) 문이 있는 주거 환경, 생명수가 흐르는 강, 열두 가지의 생명나무의 과일, 빛이 필요 없는 곳(계22 : 1~5). 이것들을 기록한 사도 요한은 그 세상이 빨리 오기를 기다리면서 하늘을 바라보며 부르짖는다.

"주 예수여, 어서 오시옵소서. 아멘."

A/S맨은 곧 오실 것이다. 기다리자.

그림17= 가상적 홍수모델

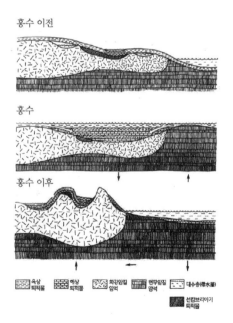

그림 18= 홍수로 말미암은 지표 변화

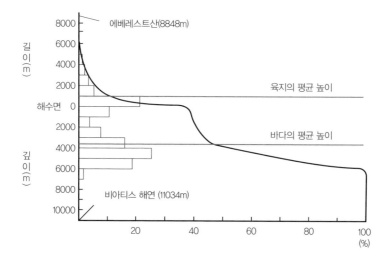

【
제
7
장
】

우리글 한자와 성경

1) 신(神)자의 진실

示= 볼 시, 보일 시, 가르칠 시

이 한자는 두 가지를 뜻하는데, 하나님께 속할 때는 '보다'와 '보이다'라는 뜻으로 쓰이고, 사람에게 속할 때에는 '사람이 하 나님께 보이다'라는 뜻으로 이해를 하면, 한자의 뜻을 이해하기가 쉬워진다.

그 예로서 몇 자 살펴보자.

'보다'의 뜻으로 '보신다'= 示(시), 察(찰), 禮(예), 福(복), 禁(금) 등 등······.

視(시)는 '보다, 자세히 살핀다, 조사하다'로서 '보다'라고 말할 수 있다.

察(찰)은 '살피다, 살펴보아서 알다, 조사하다.' 등이다.

禮(예)는 '예절, 예도, 경의, 인간의 예절, 도리'로서 만인의 행위이니, 행위자에게는 '보이다'이나 상대자에게는 '보다'이다.

福(복)은 '복, 내리다, 돕다'를 의미하는데, 신이 보시고 복을 받을 만한 자에게 필요를 내려 주신다.

禁(금)은 '금하다, 규칙이다, 운동경기에 심판이 보고 있다.' 등등이 있다.

'보이다'의 뜻으로= 祭(제), 祀(사), 祈(기), 禱(도), 祥(상) 등등 祭祀(제사)에서 제사의 '祭(제)' 자는 '고기(月)를 손(又)에 들고 신(示)에게 보이다'란 뜻이고 '祀(사)' 자는 신(示)에게 자기 몸(己)을 보이는 게 제사이니 이것은 '보이다'이다.

祈禱(기도)에서 기도의 '祈(기)' 자는 '보이다'의 示와 무게를 다는 달 斤(근) 자를 합하여 '빌 기'자 가 되는데, 여기에서 '달다'의 의미는 나의 잘잘못을 하나님께 알리는 것이다. 그리고 기도의 '禱(도)' 자는 '보이다'의 示(시)와 목숨 壽(수) 자를 합한 것으로 수명과 축복, 즉 하나님께 기원하는 것이다.

여기에 기록된 제사나 기도에서 보인 '示(시)' 자는 '보이다'라는 의미이다. 이것을 보면 '보이다'와 '보다'의 의미를 이해할 것이다.

示(시) 자의 〈설문해자〉

해설= 天垂象 見吉凶所以示人也 從二二古文上字 三垂日月星
　　　천 수 상 　견 길 흉 소 이 시 인 야　종 이 이 고 문 상 자　삼 수 일 월 성
　　　也. 觀乎天文 以察時變 示神事也
　　　야　관 호 천 문　이 찰 시 변　시 신 사 야
직역한다면,

'天垂象'이란 하늘(天)에서 어떤 물체가 위에서 아래로(垂) 내리어
천 수 상　　　　　　　천　　　　　　　　　　　　　　　　　수
져 있는 모습의 상형(象)한 것이다.
　　　　　　　　상

'見吉凶所以示人也'는 길하고 흉한 것을 더러 내어 사람에게 보이다.
견 길 흉 소 이 시 인 야

'從二二古文上字'는 두 이자는 오늘날 우리가 알고 있는 '두 이' 자
종 이 이 고 문 상 자
가 아니고 옛글자의 '윗 상' 자다.

'三垂日月星也'는 볼시(示)자의 밑에 드리워진 세 개는 해와 달과
삼 수 일 월 성 야
별을 가리킨다.

'觀乎天文'은 하늘에서 보고 다스리다.
관 호 천 문
'以察時變'은 시간의 변화를 살피다.
이 찰 시 변
'示神事也'는 신(神= 하나님)의 하시는 일이다.
시 신 사 야
위 내용을 정리한다면 시(示)자는 해와 달과 별들의 우주 운행과 인간의 길흉과 시간의 변화를 주관하시고 돌보시는 일을 하는 신을 가리키는 글자가 시(示) 자이다.

각주 : 天 : 하늘 천. 垂 : 드리울 수. 象 : 형상 상. 見 : 볼 견. 吉 : 길할 길. 凶 : 흉할 흉. 所 : 바 소. 以 : 써 이. 示 : 볼 시. 也 : 잇기 야. 從 : 좇을 종. 古 : 옛 고. 文 : 글월 문. 垂 : 드리울 수. 星 : 별 성.
觀 : 볼 관. 乎 : 어조사 호. 文 : 글월 문. 察 : 살필 찰. 時 : 때 시. 變 : 변할 변.
神 : 신 신. 事 : 일 사

시(示) 자가 지시하는 신은 곧 창조주 하나님이 아니겠는가?

성경 신명기 30장 15절에는 '보라 내가 오늘날 생명과 복과 사망과 화를 네 앞에 두었나니'는 見吉凶所以示人也'와 같고 三垂日月星也'는
<small>견 길 흉 소 이 시 인 야   삼 수 일 월 성 야</small>
창세기 1장 16절 "하나님이 두 큰 광명 체를 만드사 큰 광명으로 낮을 주관하게 하시고 작은 광명으로 밤을 주관하게 하시며 또 별들을 만드시고"라는 구절과 같다. 이 성경 말씀을 이해한다면 이 한자를 창제하신 우리의 선조가 하나님과 상관없는 신을 섬겼다고 감히 말할 수 있겠는가?

神(신) 자를 우리가 사용하고 있는 자전이나 학문을 가리키는 교단에서나 하나같이 '귀신 신' 자로 가리키고 있는 이 현실에서 어떻게 설명해야 바른 대로 이해할 수 있을지 고민하지 않을 수가 없다. 이것은 나만의 고민이 아니라 기독교인, 모두의 고민이라 생각하면서 차근차근 풀어 보기로 한다.

神 자의 〈설문해자〉부터 들어본다. 神 자는 '天神 引出 萬物 也'라
<small>신   신   천 신 인 출 만 물 야</small>
고 했다. 간단하다.

神 자는 天神이라, 하늘에 계시는 신이라. 그 하늘에 계시는 神이
<small>신   천 신   신</small>

186

하신 일은 引出 萬物也라, 만물을 이끌어 나오게 했다. 이 말씀과 성
경 창세기 1장 1절에는 "태초에 하나님이 천지를 창조하시니라."는 말
씀과 다를 게 뭐 있겠는가?

또한 우리나라 최초의 한문 성경 1912년도에 발행한 성경 창세
기 1장 2절에 있는 말씀을 보면 "地乃空曠混沌 淵面晦冥 上帝之神
運行於面"이라고 기록했다. '하나님의 神이 수면에 운행하시니라'
의 神자를 쓰는가 하면, 홍콩 성경의 창세기 1장 1절에는 "起初神
創造天地"라고 했는데, 여기서는 아예 하나님을 가리켜 '神'이라고 기
록한 것을 보면, '귀신 신'이라고 하는 것은 타당성이 없다..

귀신이라고 자전에 기록한 데는 원인이 있을 것이다. 아마 자전을
만들 때, 우리의 학자들이 본뜻을 잘못 이해하지 않았나 생각한다.
그 내용은 다음과 같다.

자전에서는 神 자를 "靈也 陰陽不測之謂"라고 하고 있다. 대충 직
역하면 '이 神은 령'이다. '陰陽不測之謂'는 음양을 가리지 아니하고 이
르는 것이라 직역할 수 있다.

하나님의 신도 모르고 허신의 〈설문해자〉도 보지 않았던 학자라
면 당연히 귀신이라고 할 수 있을 것이고, 또 한자의 뜻을 우리 한글
로 뜻과 음의 토를 달 때 그분들은 기독교 사상이 아닌 불교나 유교
나 도교의 사상을 가진 분들의 뜻과 음의 토라면 더욱 그러하리라 이
해한다.

이렇게 잘못된 학술이 示 자와 神 자, 그 외에도 많은 글들이 잘못
전수되어 오면서 우리의 조상이 만든 글자 속에 담아둔 하나님의 모
습들이 숨겨지고 훼손되고 파괴되어, 자꾸만 하나님과 멀어져 가게 되

었던 것이라 보인다.

기독교적 사상에서 보면, 당연히 마귀(魔鬼), 즉 '마귀 마', '귀신귀'와 같이 이해할 수 있을지 몰라도, '神'자를 '귀신 신' 자로 쓴다는 것은 이해할 수 없지 않을까?

각주 : 地 : 땅 지. 乃 : 이에 내. 空 : 빌 공. 曠 : 밝을 광. 混 : 섞을 혼. 沌 : 어두울 돈. 淵 : 못 연. 面 : 낯 면. 晦 : 그믐 회. 冥 : 어두울 명. 帝 : 하나님 제. 神 : 신 신. 運 : 돌 운. 行 : 다닐 행. 於 : 어조사 어. 靈 : 신령 령. 也 : 잇기 야. 陰 : 그늘 음. 陽 : 볕 양. 測 : 잴 측. 謂 : 이를 위

靈=【雨 + 口口口 + 工 + 人人】

靈(령) 자는 '신령할 령' 자이다. 이 한자를 파자하여 알아보자.

靈(령) 자는 세 단위로 구성되어 이루어진 글자인데, 윗부분이 '비 우(雨)'이고 가운데는 '입 구(口口口)'가 셋이고, 밑 부분이 '巫(무)' 자로 되어 있다. 이것을 다시 분리하여 파자하여 보겠다.

'비 우(雨)'는 글자의 위에 (一) 자가 있을 때에는 하늘을 나타낸다. '멱(冖)' 자는 덮는다는 뜻이며, '氺'는 물이다. 그리고 '한 일'자와 '덮을 멱' 자 사이에 내리그어진 'ㅣ' 자는 '통할 곤' 자로, 하늘에서 내려옴을 의미하는 상형자(象形字) 이다.

그러나 성경적 관점에서 비 우(雨) 자를 풀이하면 하나님의 신이 단비로 또는 소낙비와 복된 장맛비로 비유하였다.

(참조 : 미5 : 7, 슥10 : 1, 시72 : 6, 겔34 : 26)

靈 자에 있는 '비 우(雨)' 자는 하나님의 신이 임함을 나타내고 가운데에 있는 입구(口口口)자 세 개 있는 것은 세 개체의 삼신을 표현

하며, 밑에 있는 '巫'(무) 자는 '지을 工' 자에 두 사람(人人)을 표현하니 하늘의 세신이 내려와 두 사람을 지으셨다. 를 표현하는 글자이다.

성경 창세기 1장 26절과 27절에는 "하나님이 가라사대 우리의 형상을 따라 우리의 모양대로 우리가 사람을 만들고 하나님이 자기 형상 곧 하나님의 형상대로 사람을 창조하시되 남자와 여자를 창조하시고"가 나온다. 이 사실에 놀라지 않을 수 없지 않은가?

2) 에덴동산과 한자

園= 동산 원=【口 + 土 + 口 + 亻 + 人】

'口'= '둘레 위'라 하여 울타리, 경계, 장소, 지역, 담을 나타내고, '土'은 흙이나 〈설문해자〉에서는 "地之吐生萬物者也"이니, 이것을 직역
<small>지 지 토 생 만 물 자 야</small>
하면 '땅의 흙은 만물을 토해 내어 살게 하는 물질'이라고 설문했다. 흙은 사람으로부터 식물과 동물과 모든 공산품을 비롯하여 만물을 토하여 내는 물질이라고 쉽게 이해하기 힘들 것이다.

여기서 저자는 한 가지 문제를 제기하고자 한다. 독자에게 흙 한 무더기가 주어진다면 당신은 무엇을 하겠는가?

혹자는 그의 역량과 재능에 따라 여러 가지를 만들 것이다. 어린이는 흙으로 토성이나 두꺼비 집을 만들 것이고, 건축가는 황토집을 지을 것이며 토기장이는 도자기를 만들 것이고, 과학자는 흙에서 뽑아낸 물질로 전자제품을 만들 것이고, 그 흙이 하나님께 주어지니 사람을 만든 것이 성경의 말씀이라, 우리 조상은 말한다. 身土不二라고
<small>신 토 불 이</small>

한다면 한자의 설문해자에 기록된 "地之吐生萬物者也"란 말이 틀린
　　　　　　　　　　　　　　　　　지 지 토 생 만 물 자 야
말이 아님을 알 것이다.

성경에서의 땅은 창1장 11절 "하나님이 가라사대 땅은 풀과 씨맺는
과목을 내라 하시매 그대로 되고" 또 창세기 1장 24절 "하나님이 가라
사대 땅은 생물을 그 종류대로 내되 육축과 기는 것과 땅의 짐승을
종류대로 내라 하시고 그대로 되니라"

이것이 설문해자에서 말하는"地之吐生萬物者也"이다.
　　　　　　　　　　　　　　지 지 토 생 만 물 자 야
그리고 '口'(입 구)에는 두 가지 뜻이 있다. 말하는 입과 한집에서
함께 밥 먹는 식구 사람을 의미한다. '食 口= 함께 밥 먹는 식구'의 뜻
인 사람인데 식구란 단수가 아닌 복수이다.

위의 園(원)자 파자의 의미는 흙에서 만물이 생성된 그곳에 한 식
구가 있으니, 그 한 식구는 두 사람(人)이더라.(= 圍예서)

이 동산 園(원)은 바로 에덴동산을 말하고 있다.

〈설문해자〉에 들러 보자.

園= 所以樹果也라 직역하면 '과일나무가 있는 장소'라는 뜻이다.
　　소 이 수 과 야
〈자전〉에 들러 보자.

園= 樊圃樹杲處라 직역하면 '해 돋는 동쪽에 울이 있는 밭에 나무
　　번 포 수 고 처
도 있더라.'가 된다.

성경 창세기 2장 8절과 9절에는 다음과 같이 적혀 있다. "여호와
하나님이 동방의 에덴에 동산을 창설하시고 그 지으신 사람을 거기
두시고 여호와 하나님이 그 땅에서 보기에 아름답고 먹기에 좋은 나
무가 나게 하시니 동산 가운데는 생명나무와 선악을 알게 하는 나무

도 있더라."

이 성경 말씀과 자전의 해석과 허신의 〈설문해자〉와 파자 내용이
일치한다면, 분명히 이 한자를 창제한 조상님은 성경 속에 나타나는
하나님을 섬긴 것이 분명하다고 확신할 수 있다.

(木= 나무 목)동산에 있는 나무(木)의 의미는 생명이냐 죽
음이냐의 중대한 사건이기에 앞에서 거론하였지만, 다시 한 번 더 상
기해 보기로 한다.

'木'자의 자전 해석은 '동방위(東方位)'라고 했다. 즉, 동쪽 어딘가에
자리 잡고 있다는 뜻이다. 木자의 〈설문해자〉에는 "冒地而生東方之行"
모 지 이 생 동 방 지 행
이라. 즉, 동방의 땅에서 머리를 밀고 올라왔다는 뜻이다.

성경은 말하고 있다. '그 땅에서 보기에 아름답고 먹기에 좋은 나
무가 나게 하시니'라고 말씀하셨다(창2 : 9).

여기서 나무목의 음인 '목' 자를 다시 되돌아 짚어 본다.

'목' 자에 뒤따르는 동사가 있으니 바로 '따다'란 단어이다. 우리가
통상적으로 사용하는 용어에 '목을 따다'란 뜻은 죽음을 말하는 것이
아닌가. 에덴동산에서의 하와가 딴 것은 바로 생명의 근본인 목을 딴
것이 되고, 그 결과는 죽음에 이르게 된 것이다.

로마서 5장 19절에는 "한 사람이 순종치 아니하므로 (목(木) 따므로) 많은 사람이 죄인 된 것같이 한 사람의 순종하시므로(목(木)에 닮으로) 많은 사람이 의인 되리라."고 적고 있다.

성경은 말한다. 나무에 "달아" 죽인 예수(행5 : 30).

성경은 말한다. 그를 저희가 나무(목)에 "달아" 죽였도다 (행10 : 39).

성경은 말한다. "그가 산자의 땅에서 끊어짐은 마땅히 형벌 받을 내 백성의 허물을 인함이라." (사53 : 8)

각주 : 冒 : 무릅쓸 모. 地 : 땅 지. 而 : 말미암을 이. 生 : 날 생. 東 : 동녘 동. 方 : 모 방. 之 : 갈지. 行 : 다닐 행

3) 홍수와 한자

① 홍수 사건에 대한 견해

학자들의 결론은 '홍수는 국지적이 아니라 세계적이다.'라고 한다. 그러나 성경 창세기적 홍수를 인정하느냐에 대한 답변은 회의적이라고 한다.

또한 무실론적 진화론 과학자나 유실론적 진화론 과학자, 그 누구도 '인간의 유한한 지식의 한계는 어디까지일까?'라고 생각하며 그들의 사상을 어떻게 토출(吐出)하느냐는 알 수 없기에, 또한 반감도 배제할 수 없으리라 본다.

② 방주와 한자

배를 연상하는 첫 한자는 '배 주(舟)' 자인데, 실제로 이 한자를 사용하는 단어는 그리 많지 않다.

〈설문해자〉에는 '배 주' 자의 처음 배를 설명되어 있다. "옛날에 공고라는 사람과 화적이란 사람이 나무를 쪼개어 배를 만들고, 나뭇가지를 다듬어 노를 만들어 물에 띄워서 가지 못한 곳으로 갔느니라."

이것이 배가 되고, 이 모양을 상형하여 '배 주' 자가 되었다고 한다.

나무로 만든 카누를 보면, 이 배주(舟) 자 모양을 실감 나게 할 것이다. 카누는 통나무를 베어 반으로 쪼갠 다음 잘라서 속을 파내어 완성된다. 일명, '통나무배'라고도 불린다. 우리 조상의 말에는 '일엽편주(一葉片舟)'일 것이다.

③ 방주(方舟) 이야기

방(方)자는 허신의 〈설문해자〉에서는 "象兩舟省總頭形"이라 하여,
<small>상 양 주 성 총 두 형</small>
주(舟)를 두 개 묶은 모양이라 했다. 그러나 실제로 그 설문대로 쓰인 글자인가 하면, 그것은 아닌 것 같다.

옛글 시(詩)에 인용을 보면, "불가방사(不可方思)"란 말이 있는데, 이 말은 "뗏목을 띄울 수가 없네."라는 뜻이다.

또 "방지주지(方之舟之)"란 글이 있는데, 그 글은 "뗏목과 배를 띄우네."라는 글을 볼 때, 방(方)자는 뗏목을 이르는 말이고 주(舟)는 배로 설문하였다.

여기서 우리는 방주의 모습을 짐작할 수 있으리라 본다. 분명 방주는 우리가 알고 있는 선박의 모습은 아닌 것으로 안다.

방주(方舟)는 뗏목과 배를 합친 것이 방주다.

성경 창세기 6장 15절의 "그 방주의 제도는 이러하니 장이 삼백 규빗, 광이 오십 규빗, 고가 삼십 규빗이며"라는 것을 보면, 바닥은 뗏목 식으로 직사각형에 고(高)를 쌓아서 뚜껑을 덮은 것으로 추리할 수 있다.

주(舟)의 뜻은 배란 뜻이니 한글의 "배"란 '싣다, 담는다'는 의미를 내포하고 있다. 뗏목같이 만들었으니 뗏목의 기능과 배의 기능을 동시에 가졌으므로 "방주"라고 이름 부른 것이다.

각주 : 象 : 형상 상. 兩 : 두 양. 舟 : 배 주. 省 : 살필 성. 總 : 거느릴 총. 頭 : 머리 두. 形 : 모양 형

여기에 "배"란 단어는 '싣다, 담는다'는 의미가 있다고 설명했는데, 한자에만 뜻이 있고 한글은 소리(音)글자라 하여 뜻은 없다고 말하지만, 저자는 한글에도 뜻이 있다고 주장한다. 물론 한글 학자가 아니라서 명확하게 밝히지는 못하지만, 이것은 한글 학자들의 몫으로 두었으니 언젠가는 밝혀지리라 믿는다.

앞장에서는 "목"이라는 것은 연결과 흐름이라고 설명한 것과 같이 "배"는 '싣다, 담는다, 태우다'의 의미가 있다고 본다. 그 예(例)로서 바다나 강에 있는 "배"는 사람이나 짐을 싣고 태우는 목적이고, 사람의 인체의 "배"에는 장기(臟器)를 싣든지 담는 곳이며 아기를 태우는 곳이며, 과일 중의 "배"는 물을 담은 과일이다. 그리고 동사로서 예배(禮拜), 경배(敬拜), 세배(歲拜) 같은 것은 마음과 정성을 담아 드리는 예를 표

하는 것으로 볼 때 "배"란 '담다, 싣다, 태우다'란 뜻이 있다고 본다.

船(배 선)＝【舟 ＋ 八 ＋ 口】

한자어로는 "배"를 선(船)이라고 한다.

선(船) 자의 의미를 풀어 보면, 우선 '주(舟)＋팔(八)＋구(口)'의 글자가 모여서 이루어진 글자다. 이것을 풀이하면, 배에 여덟 식구가 탔던 방주를 기초로 해서 선박이란 선(船) 자를 만든 것이 분명하다.

그렇다면 이 한자를 창제한 사람은 창세기의 방주 사건을 모르고서야 이렇게 만들 수가 있을까? 묻고 싶다.

방주는 홍수 대비용으로 하나님께서 노아와 그 가족과 금수(禽獸)를 위하여 예비한 배이다. 창세기 6장 14절에는 "너는 잣나무로 너를 위하여 방주를 지어라."고 명하신 후 "일백이십 년 뒤 홍수가 범람(氾濫)했다."라고 기록하고 있다.

홍수에 관한 한자는 전 장과 앞에서 언급했기에 여기서는 생략하고 넘어가기로 한다. (참조 : 제2장5)노아 홍수와 한자

4) 바벨탑과 한자

홍수 후, 셈과 함과 야벳의 세 아들들로 말미암아 급속도로 인구가 증가하여, 아라랏 산에서 생활하기가 불편해졌다. 따라서 넓은 땅을 필요해서 이동하는 중에 '시날'이라는 넓고 비옥한 땅을 만나 그곳에 정착할 계획을 세웠다. 창세기 9장 1절의 "하나님께서 명하시기를

생육하고 번성(繁盛)하여 땅에 충만하라."는 명령을 거부하고 이곳 시날 땅에 탑을 높이 세워 우리가 흩어짐을 면하자면서 탑을 쌓았다.

그들이 탑(塔)을 쌓을 때의 재료에 대해서 성경에서는 벽돌을 만들어 구웠다고 전한다.

벽돌은 흙으로 굽는 것인데, 그 벽돌을 견고히 하기 위해서는 혼합물로 지푸라기나 풀을 넣어 만든다. 이스라엘 백성들이 애굽에서 노예생활을 하면서 벽돌을 구웠는데, 모세가 와서 출애굽 하려고 하니, 바로는 화가 나서 벽돌 굽는 데 혼합물인 짚을 주지 말라 했다. (출5 : 6~7) 바로가 당일에 백성의 간역자(看役者)들과 패장(牌長)들에게 명하여 가로되 너희는 백성에게 다시는 벽돌 소용의 짚을 전과 같이 주지 말고 그들로 가서 스스로 줍게 하라).

塔(탑 탑)=【土 +艹 + 合】

인간 최초의 탑은 성경의 바벨탑이며 그들은 탑을 벽돌로 만들어 쌓았다. (창11 : 1~3)

탑(塔)은 흙(土= 흙 토)과 짚(艹= 풀 초)을 합(合= 합할 합)하여 탑(塔)자가 된다. 그리고 흙과 짚을 짓이겨 벽돌을 만든다. (출5 : 7) 이것으로 탑을 건설하였다.

그들이 벽돌을 견고히 굽어 탑을 쌓아 가고 있을 때, 창세기 11장 7절과 8절에는 "하나님께서 하강하시어 그들의 언어를 혼란하게 하여 그들의 말을 서로 소통하지 못하게 하므로 그 들의 탑 쌓은 일은 그치고 여호와께서 그들을 온 지면에 흩으셨다."라고 기록하고 있다.

乱(어지러울 란)= 【丿 + 十 + 口 + 乚】

亂(乱)은 '어지러울 란' 자다. '어지럽다, 혼잡하다, 무질서하다'를 의미한다. 삐딱(丿)하게 말(口)을 많이(十)하고 굽(乚)고 다르게 말하니, 어지럽고 혼란한 것이다.

창세기 11장 6절부터의 말씀에는 "여호와께서 가라사대 이 무리가 한 족속이요 언어도 하나이므로 이같이 시작하였으니 이후로는 그 경영하는 일을 금지할 수가 없으리로다." 그리고 이어지는 7절에서는 "자 우리가 내려가서 그들의 언어를 혼잡게 하여 그들로 서로 알아듣지 못하게 하자 하시고"라고 나온다. 언어가 혼잡하게 되자 쌓던 탑은 중단되고 언어가 통하는 족속끼리 흩어지기 시작한 것이다.

(㪔본자)散(실용자)= 흩을 산= 【林 + 月 + 攵】

흩어지다, 갈라지다, 분파하다 등을 의미한다.

林= 叢生= 함께 모여 산다. 란 뜻이다.

卝= (함께 공의 약자)= 모두 함께 란 뜻이다.

肉. 月(동자)= 육달월= 고기, 몸육(사람)

攵. 攴(동자)= 칠복.= 치다. 채찍질하다.

파자 풀이 하면 (月)사람들이 (林,卝)함께 모여 사는 것을 (攵)처서 흩어지게 하다. 라는 뜻이다.

창세기 9장 1절의 말씀에 "생육하고 번성하여 땅에 충만 하라."는 하나님의 명령을 거역하고, 그들(月. 사람)은 시날 평지에서 함께 모여

(**林.並**, 함께 모여) 살면서 바벨탑(창11 : 4)을 건설하는 그들에게 하나님이 하강하사 치시니(攵) 그제야 흩어지기(창11 : 8) 시작한 것이다.

遷(옮길 천)=【西 + 大 + 巳 + 辶】

西= 서녘 서. 서쪽을 지칭하는 글이며 방향을 뜻하지만 서쪽에 위치해 있는 어떤 장소를 가리키는 뜻이기도 하다. 자전에는 왈 입방위(日入方位)라 하여서 해가 넘어가는 곳 또는 서쪽에 있는 어떤 장소라고 말하는데 혹 이 바벨탑을 쌓은 도시를 말하지 않느냐고 조심스럽게 유추해 본다.

大= 큰 대. 크다. 많다. 높다. 라고 말하지만 허신의 설문해자에는 상인형(象人形)이라 하여 사람의 모양이라고도 한다. 그러하다면 "옮길 천" 자에서의 대(大)자는 사람을 지칭한다. 라고 보아도 무관할 것이다.

巳= 여섯째 지지 사. 라며 방위로는 "동남" 쪽이고 12지로는 여섯째니 "뱀 사" 자라고도 한다. 자전에서는 방각동남(方角東南)이라 하여 동남쪽을 말한다.

辶= 쉬엄쉬엄 갈 착. 뛸 착. 가다 간다. 이다.

위의 파자 네 글자를 연결하여 정리해보면 해가 지는 곳 서쪽이나 또는 서쪽에 있는 어떤 곳(바벨도시)에서(西) 많은 사람들이(大) 동남쪽을 향하여(巳) 쉬엄쉬엄 가다(辶) 라고 해석할 수 있을 것이다. 창세기 10장 30절에는 "그들이 이동하여 거하는 곳이 스발로 가는 동편(東便)산이더라."고 성경은 기록하고 있다.

5) 구원과 한자

죄에서 인류를 구원하는 세 가지 상징물은 아래와 같다.

① 가죽옷(裘)

② 어린양(羊)

③ 십자가(十)

가죽옷과 구원

가죽옷(裘)= 창3 : 21 여호와 하나님이 아담과 그 아내를 위하여 <u>가죽옷</u>을 지어 입히시니라.

인류 최초의 죄의 결과로 나타난 현상(現象)은 창세기 3장 7

절의 말씀에 "이에 그들의 눈이 밝아 자기들의 몸이 벗은 줄을 알고"로 기록된다. 최초의 죄의 결과로 나타난 현상은 부끄러운 마음, 즉 수치심이다. 이에 하나님이 찾아오셔서 그 해결책으로 창세기 3장 21절에 "여호와 하나님이 아담과 그 아내를 위하여 가죽옷을 지어 입히시니라."고 나온다.

裘(가죽옷 구)=【求 + 衣】

〈설문해자〉裘= 皮衣也. 從(从)衣. 象形
　　　　　　　피 의 야　종　　　 의　상 형
풀이하면 다음과 같다.

皮衣也= 가죽으로 만든 옷이다.

从衣= 두 사람을 쫓아 보내면서 입힌 옷이다.

象形= 글자 창제는 모양의 형상이다.

창 3장 21절에 보면 하나님께서 아담과 하와 두 사람에게 가죽옷을 지어 입히신 것은 구원의 상징이다. (창3 : 21)

설문해자는 정확하게 성경 창세기 3장 21절을 증언한다.

〈자전〉裘= 皮衣. 箕丨父業
　　　　　피 의 　 기 곤 부 업
皮衣= 가죽(皮) 옷(衣)이다.

箕丨父業(기곤부업)= 아버지(父)가 내려오시어(丨)키(箕)를 잡고 일(業)하신다.

하나님이 내려오셔서 하시는 일은 키로서 알곡과 쭉정이를 가리는 일을 하신다. 누가복음 3 : 17에는 "손에 키를 들고 자기의 타작마당을 정하게 하사 알곡은 모아 곡간에 들이고 쭉정이는 꺼지지 않는 불에 태우시리라". 가죽옷 구(裘)자는 창세기 3장 21절과 누가복음 3장 17절의 말씀과 동일하다.

각주 : 키(箕)란, 곡식의 알곡과 가라지를 분리 구분하는 도구, 皮 : 가죽 피. 衣 : 옷 의. 箕 : 키 기. 丨 : 뚫을 곤. 父 : 아비 부. 業 : 업 업

羊= 양 양

두 번째로 구원의 상징인 양(羊)과 한자에 대하여 알아보자.

요한복음 1장 29절에는 보라. 세상 죄를 지고 가는 하나님의 어린 양이로다. 창세기에서 나오는 불순종의 사건에 가죽옷이 등장하는 데 그 구원의 상징인 가죽옷이 어떤 짐승의 가죽인지 성경 창세기에서는 밝히지 않고 있다. 그러나 그 구원을 상징하는 가죽옷이 양의 가죽인

가? 그 누구도 "아니다."라고는 이의를 제기하지 않는다.

양이 구원의 상징임을 증명(證明)하는 이유는 이스라엘 백성들의 출애굽 사건 때의 장자 재앙으로부터 양으로 말미암는 구원함이(출12 : 1~14) 그 사건이 결정적 출애굽을 하게 했다는 점이고, 또 한 가지는 이스라엘의 죄의 해결책으로 양으로 제사를 드려 죄 사함을 받는 의식으로 볼 때, 양은 구원의 상징임은 틀림없는 사실이다.(레4 : 1~35) 이 표현을 침례요한은 예수님을 가리켜 "세상 죄를 지고 가는 하나님의 어린양"이라 선포한 것이다.

羊= 祥也(상야)

양에 대한 한자의 의미를 살펴보자. 〈설문해자〉에서 "양(羊)은 祥也(상야)다."라고 했다.

상야는 상서롭다는 뜻이고, '상서롭다'는 '즐겁고 좋은 일이 일어날 징조가 보인다'는 말이다.

청나라의 문학자이신 단옥재 선생은 양(羊)자를 설문하기를 "선의 선미자개종양(善義羨美字皆從羊 : 착할 선, 의로울 의, 부러울 선, 아름다울 미, 글자 자, 다 개, 좇을 종, 양 양)"이라 했다.

양은 '착함과 의로움과 부드러움과 아름다움과 사랑스러움이 두루 미치며, 의를 위하여 목숨까지도 바친다.'라고 하였다. 이것은 예수님을 지칭하여 하는 설문이 아닐까 생각된다.

요한일서 2장 2절에서는 "저는 우리 죄를 위한 화목제물이니 우리만 위할 뿐 아니요, 온 세상의 죄를 위하심이라."고 기록한다. 요한복음 1장 29절에는 세상 죄를 지고 가는 하나님의 어린양이라 했다.

한자의 양자의 뜻은 성경의 예수님을 양으로 비유한 뜻과 일치하며 동일하다.

자전에서는 양(羊)자를 "유모축(柔毛畜)이라 털이 많은 짐승인데 그 성질은 부드럽고 순하고 여리며 화평(和平)하며 복종(服從)한다."라고 기록하고 있다.

羊(양)자에 속해 있는 한자들은 아래와 같다.

義(의)= 의롭다, 美(미)= 아름답다, 善(선)= 착하다, 羨(선)= 부러워하다, 犧(희)= 희생하다, 祥(상)= 상서롭다. 羑= (유)= 인도하다 등등……

犧= 희생할 희=【牛 + 羊 + 我】

牛= 소 우= 제사장의 속죄 제물은 송아지였다. (레4장~7장)

羊= 양 양= 평민의 속죄 제물은 어린양이다. (레4장~7장)

我= 나 아= 파자하면 손(手)에 창(戈)을 들고 있는 글자다

犧(희)자의 의미는 제사장은 소(牛)를 평민들은 양(羊)을 자기(我)의 손으로 죽여 희생 제물로 드릴 때 죄를 사함 받는다는 것이다.

義= 의로울 의=【羊+ 我】

파자= 羊+ 我(手+戈= 손에 창을 들고 있는 것이 나아자 다)

성경 레위기 19장 22절에는 "죄를 사하기 위해서는 양으로 속건제(贖愆祭)를 드리라"고 하였다.

히9 : 22절에는 피 흘림이 없는 즉 사함이 없느니라.

善= 착할 선= 【羊 + ㅛ + 口】

자전= 丨之 : (옳게 여길 곤. 갈지) 양은 옳은 길을 간다. 이다.

파자= 羊(양양) + ㅛ(풀초) + 口(입구)= 양은 풀을 먹이로 하기 때문에 온순하고 착하다.

6) 십자가와 한자

十= 【一 + 丨】

① 고전1 : 18= 십자가의 도가 멸망하는 자들에게는 미련한 것이요, 구원을 얻는 우리에게는 하나님의 능력이라.

먼저 十(십)의 의미를 알아보자.

〈설문해자〉에는 "一爲東西,丨爲南北,則四方中央備矣(일위동서, 곤위남북, 칙사방중앙비의)"라고 적혀 있다.

"一"자는 동과 서를, "丨"은 남과 북을 나타내며, 중앙이 갖추어져 있다. 중앙은 '부터'라는 뜻으로, '여기서부터'이며 또 다른 의미로서 '사방의 흩어짐에서 다시 중앙을 향하여 모인다.'이다.

십자가의 도(道)인 "이 천국 복음이 모든 민족에게 증거되기 위하여 온 세상에 전파(傳播)되리니 그제야 끝이 오리라. (마24 : 14)" 이것이 십자가의 도가 사방 끝까지 퍼져 나감을 말씀하시는 것이며, 십자가는 '모이다'라는 뜻의 의미로, 성경 말씀에 "나 여호와가 말하노라 그러므로 내가 일어나 벌할 날까지 너희는 나를 기다려라. 내가 뜻을 정하고 나의 분함과 모든 진노를 쏟으려고 나라들을 소집하며 열국을

모으리라. 나의 질투의 불에 소멸(消滅)되리라. (습3 : 8)

악인들의 모임이 있을 것이며, 또 의인들의 모임이 있다."

라고 말씀하신다.

"저가 큰 나팔 소리와 함께 천사들을 보내리니 저희가 그 택하신 자들을 하늘 끝에서부터 저 끝까지 사방에서 모으리라(마24 : 31)." 또 마가복음 13장 27절에는 "저가 천사들을 보내어 자기 택하신 자들을 땅끝에서부터 하늘 끝까지 사방에서 모으리라."고 기록되어 있다.

따라서 십자가의 의미는 '십자가 중앙에서부터 사방으로 퍼지며 또한 사방에서 모으다'라고 보아야 하겠다. 십자가는 전부와 완전과 일체의 뜻이 있다.

② 則四方中央備矣(칙사방중앙비의) 그 중앙에서 준비해서 모든 것을 갖추어 놓았다고 하는데 무엇을 갖추어 놓았을까? 그것은 바로 십자가로 말미암아 세상의 모든 죄를 해결 할수 있는 수단을 갖추었다는 것이다.

그러므로 십(十)자의 한자 의미는 온 세상을 모두 포함 한다는 뜻이 있으니 이것을 성경에서는 "보라. 온 세상 죄를 지고 가는 하나님의 어린양이로다." (요1 : 29)가 아닌가?

각주 : 爲 : 할 위. 則 : 곧 즉. 備 : 갖출 비. 矣 : 어조사 의.

計(셀 계, 꾀할 계)=【言 + 十】

십(十)자와 함께 있는 계(計) 자를 알아본다. 계(計) 자를 자전에서는 '妙策(묘책)'이라 한다. 즉, '꾀하다, 의논하다, 계략을 꾸미다'라고 설명한다. 본 計(계) 자는 '누군가가 십자가에 관한 계략을 꾸민다.'라는 말인데, 도대체 누가 어떤 계략을 꾸미고 있단 말인가?

마태복음 26장 3~4절 말씀에 "그때에 대제사장들과 백성의 장로들이 가야바라 하는 대제사장의 아문에 모여 예수를 궤계로 잡아 죽이려고 의논하되"라는 구절이 나온다. '예수를 십자가에 죽이기 위하여 계략(計略)을 꾸민다.'는 뜻의 글자이다.

單(홀 단, 흩 단)=【口口 + 申 + 十】

古字. 単= 小 + 申 + 十= 홀로 단

옛날 '단'자는 글자 두부에 삼위를 뜻하는(lll) 세 내림이 있었는데, 지금은 두 입 구(口)로서 두위를 나타내고, 한 분 위는 십자가 위에 신(申)으로 나타내었다.

'단(單)' 자는 '獨也(독야)'다. '다만, 오직, 홀로, 모두 죄다'

라는 의미를 지닌 글자다.

성령 령(靈) 자에는 세 입 구(口)로 성부와 성자, 성령의 삼위를 표현했는데, 單(단)자에는 두 입 구(口)만 있고 한 입 구(口)가 없음은 한 입 구(口)는 십자가에 홀로 달리시기 때문에 '獨也(독야)'라는 글자가 창제되었다.

辛(매울신)=【立 + 十】

立(설 입)의 설문해자에서는 在一之上이라 땅 위에 서 있다. 라는 뜻이나 매울 신(辛) 자를 보면 땅에 서 있는 것이 아니라 십자가 위에서 있다. 그 고통을 辛(신) 자는 명백하게 밝힌다.

* 十자는 앞에서 논한 것을 참조하시기 바랍니다.

자전에서는 金味艱苦悲酸
금 미 간 고 비 산

金= 쇠 금. 병장기 금. 입다물 금.= 원망이나 변명하지 않음

味= 맛 미.= 쓴맛

艱= 어려울 간. 괴롭다.= 십자가의 괴로움

苦= 쓸 고, 쓴맛.= 마27 : 34= 쓸개 탄 포도주를 예수께 주어 마시게 하더라.

悲= 슬플 비.= 마27 : 46= 엘리 엘리 라마 사박다니 하시니 이는 나의 하나님 나의 하나님 어찌하여 나를 버리셨나이까?

酸= 초 산.= 마27 : 48= 예수께 신 포도주를 마시게 하더라.

辛 자는 십자가의 고통을 여실히 보여 주고 있다.

마태복음 27장 32절부터 있는 말씀을 살펴보면, 홀로 십자가를 지시고 운명하시면서 "엘리 엘리 라마 사박다니(나의 하나님 나의 하나님 어찌하여 나를 버리셨나이까)."라는 오직 홀로 세상 죄를 지고 가시는 어린양을 보게 된다.

신(辛)자가 죄와 어떠한 연관이 있는지를 설명하기 위해 몇 자 간추려 본다.

辜(허물 고)=【古 + 立 + 十】

'辜'는 '허물 고, 죄 고' 자인데 십자가의 형틀을 모르던 옛날 사람들은 상습적인 죄인들을 기둥에 묶어서 찔러 죽이는 형벌을 가했다. 고 한다.

'古(고)' 자는 '옛 고' 또는 '오래 고'이며, '辛' 자는 '괴롭다, 고통, 혹독하다, 상실하다(잃는다)'의 뜻이니 '상습적인 죄', 즉 '오래 계속되는 죄는 처형'을 의미한다. 한자를 설문하는 자의 관습(慣習)에는 나무에 묶어 놓고 찔러 죽이고, 로마법에는 십자가에 달아 찔러 죽이고, 한자의 본뜻에는 분명 십자가가 있다.

幸(다행 행)=【辛 + 一】

"십자가 위에는 고통이 있지만, 내 마음 하나만 바꾸면 행복해진다. 예수님은 우리에게 명하신다. 나를 따라오려 거든 자기를 부인하고 자기 십자가를 지고 나를 따르라고 하신다(마16 : 24)."

고린도전서 1장 18절의 "십자가의 도가 멸망하는 자들에게는 미련한 것이요, 구원 얻는 우리에게는 하나님의 능력이라."는 말씀을 한자 속에서도 볼 수 있다.

7) 재림과 한자

往(갈 왕)=【彳= (가다) + 主(주인)】= 주님이 가시다
자전= 昔也(옛 석. 잇기 야)= 옛 주인이 가시다.
계시록 19장 16절에는 "그 옷과 그 다리에 이름 쓴 것이 있으니 만

왕의 왕이요, 만주의 주라 하였더라."는 구절이 나온다. 그리고 계시록 1장 8절에는 "주 하나님이 가라사대 나는 알파와 오메가라. 이제도 있고 전에도 있었고 장차 오실자요 전능한자라."고 기록(記錄)되어 있다.

仚(날듯할 선)= 【人(사람) + 山(산)】= 산 위에 사람이 떠 있는 모양

자전= 輕擧貌(가벼울 경, 들 거, 모양 모)= 가볍게 하늘로 들려 올라가는 모양.

사도행전 1 : 11 "가로되 갈릴리 사람들아 어찌하여 서서 하늘을 쳐다보느냐 너희 가운데서 하늘로 올리우신 이 예수는 하늘로 가심을 본 그대로 오시리라 하였느니라" (仚)선자는 바로 예수그리스도의 승천하는 모양을 상형한 것이다.

仙= (어지러울 헌)= 【亻(사람) + 人(사람) + 山(산)】

산에서 사람들이 모여 있는 가운데서 예수님이 하늘로 떠올라 가는 모습을 곁에서 보고 있으니 어지럽다.

성경 사도행전 1장 9절 말씀에는 다음과 같이 적혀 있다. "이 말씀을 마치시고 저희 보는데 올리어 가시니 구름이 저를 가리어 보이지 않게 하더라. 가실 때에 제자들이 자세히 하늘을 쳐다보고" 있다면 어지럽지 아니하겠는가?

위의 세 글자(往, 仚, 仙)와 성경의 기록을 종합해서 다시 한 번 문장을 엮으면, '하늘의 왕이신 예수님이 이 땅에 오시어

서 3년 반 동안 공생애를 하시고 십자가에 죽으시고 3일 만에 부활(復活)하셔서 제자들에게 보이시고 제자들과 40일을 계시다가 감람

산에 오르사 제자들이 보는 앞에서 그 몸이 하늘로 떠올라 가시는 것을 제자들이 보았다.'라고 할 수 있다. 이 얼마나 신기한가?

來(돌아올 래)=【十 + 从+ 人】

자전= 還也(환야)= 돌아온다는 뜻은 가셨기에 돌아온다는 말이다.

그렇다면 누가 갔는가? 사도행전 1장 10절과 11절에는 이런 말씀이 적혀 있다. "올라가실 때에 제자들이 자세히 하늘을 쳐다보고 있는데 흰옷 입은 두 사람이 저희 곁에 서서 가로되 갈릴리 사람들아! 어찌하여 서서 하늘을 쳐다보느냐. 너희 가운데서 하늘로 올리 우신 이 예수는 하늘로 가심을 본 그대로 오시리라."

놀라운 사실이다. 할렐루야 아멘.

倈= (위로할 래)=【亻 + 來】

예수님은 왜 다시 오시는가? 오신다면 왜 오시는가? 이에 대해 한자는 사람(亻)을 '위로하기 위하여' 다시 오신다.(來) 라고 설명한다.

요한복음 14장 1절부터 3절까지 이어지는 말씀에는 다음과 같은 기록이 있다. "너희는 마음에 근심하지 말라. 하나님을 믿으니 또 나를 믿어라. 내 아버지 집에 거할 곳이 많도다. 그렇지 않으면 너희에게 일렀으리라. 내가 너희를 위하여 처소(處所)를 예비하려 가노니, 가서 너희를 위하여 처소를 예비(豫備)하면 내가 다시 와서 너희를 내게로 영접(迎接)하여 나 있는 곳에 너희도 있게 하시리라." 아멘.

唻(노래하는 소리 래)= 【口 + 來】

어떻게 오실까? 이에 대해 한자는 '오실 때 노래하는 소리가 있다.' 라고 말한다. 그렇다면 성경은 무어라고 말씀하시는가?

데살로니가전서 4장 16절 말씀에는 "주께서 호령(號令)과 천사장의 소리와 하나님의 나팔로 친히 하늘로 좇아 강림(降臨)하시리니" 주님 오실 때는 나팔 불고 노래 부르며 오시는 것 아닌가. 예수님의 재림을 묘사한 '각 시대의 대쟁투'에는 "거룩한 천사들. 수를 헤아릴 수 없는 큰 무리가 하늘의 노래를 부르면서 그분의 길에 수행한다.

그 영광이 하늘을 덮었고 그 찬송이 세계에 가득하도다.(합3 : 3)."

이번에는 재림(再臨)에 대해 한자를 설명해 보도록 하겠다.

再(두 재)= 【一 + 冂 + 二 + 丨】

파자 해설= 하늘(一)에서 두 번(二)째로 큰 성(冂)에 내려(丨)오신다.

"一"은 한자만 있을 때는 하나를 가리키고, 글자의 머리에 있으면 하늘을 가리킨다. "二"는 둘이나 다시를, 그리고 "冂"은 큰 외부 둘레를 뜻하는데 여기서는 큰 성을 가리킨다. "丨"는 '뚫는다, 위아래로 통한다, 내려온다' 를 의미한다.

자전의 의미= 양야(兩也)= '두 번, 재차, 다시'를 말한다.

臨(임할 임)= 【臣 + 人 + 品】= 임할 림, 내릴 림

臣= 신하, 백성, 종속(從屬= 자기를 따르는 무리), 겸칭(謙稱)

파자 해설= 종속(從屬), 즉 자기를 따르는 신하(臣)와 사람(人)들

을 보기 위해 세 분(品) 하나님께서 내려오신다.

자전= 감야(監也)= 볼 감, 본다, 낮은 데로 향하다.

재림(再臨)이란?

이곳에 왔다가 또 올라갔다가 다시 내려오는데, 임하는 목적은 림(臨) 자에서 말한 대로 종속(從屬)인을 보기 위해 다시 오시는 것이다. (종속= 자기를 따르는 무리)

초림(初臨)= 요3 : 16= 하나님이 세상을 이처럼 사랑하사 독생자를 주셨으니 이는 저를 믿는 자마다 멸망(滅亡)치 않고 영생을 얻게 하려 하심이라.

재림(再臨)= 요14 : 3= 내가 다시 와서 너희를 내게로 영접(迎接)하여 나 있는 곳에 너희도 있게 하시리라.

8) 죄와 벌과 쉼의 한자

罪(허물 죄)= 【罒+ 非】

罪란 허물, 과실, 잘못, 불신

파자 해설= 최초의 죄란 네 가지를 아니라고 한 것이 죄다.

죄의 시작은 사탄 뱀이 하와를 꾀어 선악과를 따먹게 한 사건인데, 이 사건에 나타나는 현상을 보면 한자에서 나타나는 대로 네 가지 사항을 아니라고 하는 데에서부터 시작된다. 창세기 3장 1절~5절을 살펴보면 다음과 같다.

1절 뱀이 여자에게 물어 가로되 하나님이 참으로 너희더러 동산 모든 나무의 실과(實果)를 먹지 말라 하시더냐.

2절 여자가 뱀에게 말하되 동산 나무의 실과를 우리가 먹을 수 있으나

3절 동산 중앙에 있는 나무의 실과는 하나님의 말씀에 먹지도 말고 만지지도 말라 너희가 죽을까 하노라 하셨느니라.

4절 뱀이 여자에게 이르되 너희는 결코 죽지 아니하리라.

5절 너희가 그것을 먹는 날에는 너희 눈이 밝아 하나님과 같이 되어 선악을 알 줄을 하나님이 아심이니라."

여기에서 나타나는 네 가지 거짓 기만은 다음과 같다.

1. "너희가 결코 죽지 아니하리라.

2. "먹으면 눈이 밝아지리라."

3. "하나님과 같이 된다."

4. "선악을 알 수 있게 된다."

죄는 여기서 시작하여 불어나 산을 이룰 만큼 많아졌다.

嵲= (높을 죄)= 【山 + 罒 + 非】

파자 해설= 네 가지의 아닌 것으로 시작된 죄는 산만큼 쌓이고 그 쌓인 죄의 무게는 지구가 지탱하지를 못해 그만 중심을 잃고 넘어지면서 대홍수가 일어나게 된다. 이때 사탄은 이 지구를 완전히 자기 것으로 명의(666) 이전(移轉)까지 하는가 하면, 대홍수로 말미암아 생명체는 다 죽고 방주 안에 있던 생명만 살아남았다. 여기서 다시 시작되는 죄는 또다시 태산을 이루었으니, 이제는 불로써 소멸(消滅)시킬 것이라 하였으니, 이제 그날도 머지않은 것 같다.

베드로후서 3장 6~7절에는 "이로 말미암아 그때 세상은 물의 넘침으로 멸망하였으되 이제 하늘과 땅은 그 동일한 말씀으로 불사르기 위하여 간수(看守)하신 바 되어 경건치 아니한 사람들의 심판과 멸망의 날까지 보존하여 두신 것이니라."

한자는 이렇게 말한다. 죄를 줄이려면, 즉 해결하려면 죄를 가지고 나무 있는 곳으로 가라.

槱(죄 줄일 죄)=【木 + 罒 + 非】

죄는 에덴동산에 있는 나무에서 시작하여 나무에서 해결한다.

로마서 5장 19절 말씀에는 "한 사람의 순종치 아니하므로 많은 사람이 죄인 된 것같이 한 사람의 순종(順從)하심으로 많은 사람이 의인 되리라."고 나와 있다. 다시 말하면, 한 사람(아담)이 나무의 과일을 따 먹음으로 죄인이 되었고, 한 사람(예수)이 다시 그 나무에 달리므로 죄가 해결된 것이다.

罰(벌 벌)=【罒 + 言(말) + 刂(칼)】

벌은 죄의 대가로서 죄를 속한다.

罰= 죄는 말로서 언도(言)하고 기구(刂= 칼 도)로 집행한다.

罰= (풀시들 벌)= 아담과 하와가 선악과를 따먹으면 죽으리라 했던 그 죽음은 죽음의 진행 행으로 풀이 꺾이면 시들어 말라 죽는 것같이 "죄의 삵은 사망이란(롬6 : 23)" 뜻은 죄를 지으면 바로 죽는 것이 아니라 시들어 죽는다는 뜻으로 이해한다.

休 (쉴 휴)= 【亻+ 木= 休】

사람이 나무 곁에 가면 편히 쉴 수 있을까? 그렇다, 편히 쉴 수 있다. 요즘은 산에서의 휴식을 많이 권장하여 삼림욕까지 홍보한다.

나무와 식물들은 피톤치드의 물질을 방출하는데, 그 물질의 주성분인 테르펜은 사람의 심리를 안정시키고 혈관을 단련해서 심. 폐를 강화해 마음을 편안하게 하니, 사람이 쉼을 얻는다는 의학계의 보고다. 그러나 이것이 근본적 처방은 아니라는 것이 한자의 해석이다.

근본적 처방이 한자에 적혀 있다는 사실에 다시 한 번 놀라지 않을 수 없다.

자전 해설= 휴(休)자는 유야(宥也)이다. 여기에서 '유'자는 '죄 내려놓을 유, 용서할 유'이다. 죄를 지고 있으면서 쉬는 것은 편하지는 못할 것이며 용서할 것을 용서하지 않으면 편하지는 못할 것이다.

성경은 말한다. "수고하고 무거운 짐 진 자들아, 다 내게로 오라. 내가 너희를 쉬게 하리라. (마11 : 28)" 예수님께서 말씀하셨다.

烋(경이로울 휴)= 【亻+ 木 + 灬】

파자= 사람(亻)이 선악과(木)로 말미암아 들어온 죄를 내려놓으면 (休) 불(灬)로 태워 깨끗하고 아름답고(美也) 화목(和也)하여 복록(福祿)이 된다.

자전= 복록(福祿), 미야(美也), 화야(和也)

'경이로울 휴' 자의 자전적 의미는 모든 미사여구(美辭麗句)를 동원하여 경이롭다고 하는데, 왜일까? 창세기 3장에서 보여 준 아름다운 동산에서 하나님께서 금한 나무의 실과를 따먹으므로 피폐한 이 땅을 성경은 기록한다.

"그때(노아) 세상은 물의 넘침으로 멸망하였으되 이제 하늘과 땅은 그 동일한 말씀으로 불사르기 위하여 간수(看守)하신 바 되어 경건치 아니한 사람들의 심판과 멸망의 날까지 보존(保存)해 두신 것이니라." (벧후 3 : 6.7)

烋= 불로써 경건치 못한 것을 다 사르리라.

道= 도와 십자가와 한자

한자 자전의 도(道)는 인(仁)·의(義)·충(忠)·효(孝)·지(之)·덕(德)·이라. 한자 자전에서 말하는 도(道)란, 사람이 어질(仁)고 의(義)로우며 충성(忠)되고 효도(孝)하며 덕(德)의 길로 가는 것이 도(道)라. 이 다섯 가지의 행위가 자전이 말하는 도(道)이다.

유교 사상의 도는 인(仁)·의(義)·예(禮)·지(智)·신(信)이라. 유교의 도(道)는 이 오상은 인간이 태어나면서부터 지니고 태어났으니 이것을 행하는 것이 도(道)라고 설파한다.

불교의 도(道)는 염세에서 열반에 이르는 길이라. 그 길을 가는 것이 팔정도(八正道)라 하여 여덟 가지 길을 제시한다.

1. 정견(正見) 2. 정사유(正思惟) 3. 정어(正語) 4. 정업(正業) 5. 정명(正命) 6. 정정진(正精進) 7. 정념(正念) 8. 정정(正定)이다.

바르게 보고, 바르게 생각하고, 바르게 말하고, 바르게 일하고(생업수단의 정도를 말함) 목숨을 위한 바른 노력이다. 다음으로 정정진은 지금까지 바르게 해왔더라도 다시 돌아보며 깨끗하게 하여야 하며 바른 기억과 바른 정신이다.

노자는 이런 도(道)를 평하기를, "도가도(道可道)는 비상도(非常道)요. 명가명(名可名)은 비상명(非常名)"이라. 사람이 "이것이 도(道)요." 하면 '도(道)'라고 할 수 없고, "이것이 그 이름이요." 하면 그 이름도 '이름'이라 할 수 없다는 뜻이며· 성경의 사상과도 상당한 접근성이 있다고 보인다.

성경에서의 도(道)란 하나님의 속성인데, 사람이 이것이 도(道)라고 한다면 그것이 도(道)이겠는가? 그것은 일부이지, 피조물이 창조주의 도(道)를 다 논한다는 것은 어불성설(語不成說)이며 교만일 것이다.

다윗은 "주의 도를 내게 보이소서(시25 : 4)."라고 하였으며, 사도행전 18장 24절과 25절에는 "구약에 정통하고 학문이 많고 성경에 능한 자라. 그가(아볼로) 일찍 주의 도(道)를 배워 열심히 예수에 관한 것을 자세히 말하며 가르치나 요한의 침례만 알 따름이라."고 기록되어 있다.

우리가 아는 도는 십자가의 도다.

"십자가의 도(道)는 멸망하는 자들에게는 미련한 것으로 보일지 모르지만, 구원을 얻는 우리에게는 하나님의 능력임을(고전1 : 18) 믿사옵니다. 할렐루야!"

십(十)자의 설문에서는 "일(一)"은 동에서 서를 말하는 것이요, "(丨)"은 남과 북이니 십자는 사방을 뜻하는 것이며, 중앙비언(中央備矣)이라. 여기에서 '비(備)'자는 '갖추다, 준비하다'는 뜻인데, 십(十)자의 중앙에 무엇을 갖추고 무엇을 준비해 놓았을까? 이후의 설명은 없지만, 기독교인의 사상에서 한번 생각해 본다면 누구를 위하여 십자가를 준비하여 갖추어 놓았을까? 혹(或) 우리를 위하여 돌아가실 예수님 때문에 준비하였을까? 아니면 예수님께서 말씀하시기를 "너희가 나를 따라오려거든 자기의 십자가를 지고 나를 쫓을지니라." 하셨으니, 우리를 위하여 준비해 놓은 것일까?

십자(十)는 온 세상 모두에게 주어진 것이며, 기독교적 사상에 십(10)은 의미 있는 수(數)일 수도 있다. 수(數)에 대한 성서적 개념은 예언적이나 계시적 개념은 볼 수가 없고, 다만 상징적 표현이나 지시적 표현으로서 삼위일체의 유일신이나 계시록의 666 정도는 눈여겨보아야 할 숫자이며, 특별히 하나님의 수, 창조의 수 7은 피조물들에게는 정말 중요한 수(數)임은 틀림없다.

한자는 우리 선조들의 신앙이 무엇이었든가를 증명하며 또한 우리 역사의 사건과 성경을 통하여 확인된 것은 우리의 시원(始原)은 하늘의 하나님이시며 시조(始祖)는 삼성기 하편에 기록한 나반이며 나반은 곧 성경의 아담임을 다시 한 번 인정하게 된다.

한자의 사상을 비롯하여 역사의 연대와 사건과 사상은 분명히 천신을 증명하며 그 천신은 우리의 선조가 섬기던 하나님이시며 그 하나님은 성경이 증명하는 천지를 창조하신 하나님과 동일한 하나님이시다.

기독교가 섬기는 하나님은 우리 조상이 섬기던 하나님이시다.

현재 우리 대한민국의 사상은 천손 사상임을 증명하는 사례는 여러 가지가 있다.

① 국기 : 태극기는 하늘과 땅을 상징하는 표.
② 국화 : 무궁화는 "샤론의 꽃" 예수님 상징

③ 애국가 : 하느님이 보우하사

④ 개천절 : 하늘이 열려 우리나라가 세워짐을 뜻함

⑤ 기우제 : 비가 오지 않으면 하늘(천신)에 제사하는 행위

⑥ 경천사상 : 우리의 본성은 하늘을 공경하는 경천사상이 있다.

• 참고문헌 •

〈삼성 대 옥편〉 삼성 문화 출판사

〈한한 사전(콘 사이즈)〉 금성 교과서 주식

〈설문해자 주(허신)〉 서울 대학 출판사, 엄정삼 역해

〈삼성국어 대사전〉 삼성문화 출판사

〈국어대사전〉 민중서관

〈성경 개정개혁판 국한문〉

〈한문 성경〉(1912년 발행)

〈성서대백과사전〉 생명의 말씀사

〈성경주석〉 시조사

〈읽는 자는 깨달을 진저〉 시조사

〈창세기와 중국문자〉 삼덕 인쇄사

〈부조와 선지자〉 시조사

〈한민족 뿌리사〉 도서 출판 진흥

〈기독교와 동양 사상〉 황소와 소나무

〈환단고기(안경전 역주)〉 상생출판사

〈학생백과사전〉 금성출판사

〈실용교양한문〉 전통문화연구회

〈복식문화〉 문화 출판사텐즈

〈회남자(유안)〉 명문당

〈하늘에 새긴 우리의 역사〉 김영사

〈세계문화유산 고구려 고분 벽화〉 예맥 출판사

기타

초판 1쇄 인쇄 2016년 03월 24일
초판 1쇄 발행 2016년 03월 29일

지은이 유진한
펴낸이 김양수
책임편집 이정은   **표지 본문 디자인** 송다희

펴낸곳 도서출판 맑은샘   **출판등록** 제2012-000035
주소 경기도 고양시 일산서구 중앙로 1456(주엽동) 서현프라자 604호
대표전화 031.906.5006   **팩스** 031.906.5079
이메일 okbook1234@naver.com   **홈페이지** www.booksam.co.kr

ⓒ 유진한, 2016

ISBN 979-11-5778-120-1 (03230)